나의 어여쁜 자야

디지털 세대를 위한 성경적 성교육 • 2
아름다운 남녀 창조 편

나의 어여쁜 자야

지은이 | 김지연
초판 발행 | 2020. 6. 24
15쇄 발행 | 2024. 11. 4
등록번호 | 제1988-000080호
등록된 곳 | 서울특별시 용산구 서빙고로65길 38 두란노빌딩
발행처 | 사단법인 두란노서원
영업부 | 2078-3333 FAX 080-749-3705
출판부 | 2078-3331

책 값은 뒤표지에 있습니다.
ISBN 978-89-531-3785-1 04230

독자의 의견을 기다립니다.
tpress@duranno.com   http://www.Duranno.com

두란노서원은 바울 사도가 3차 전도여행 때 에베소에서 성령 받은 제자들을 따로 세워 하나님의 말씀으로
양육하던 장소입니다. 사도행전 19장 8-20절의 정신에 따라 첫째 목회자를 돕는 사역과 평신도를 훈련시
키는 사역, 둘째 세계선교(TIM)와 문서선교(단행본·잡지) 사역, 셋째 예수문화 및 경배와 찬양 사역, 그리고 가
정·상담 사역 등을 감당하고 있습니다. 1980년 12월 22일에 창립된 두란노서원은 주님 오실 때까지 이 사
역들을 계속할 것입니다.

디지털 세대를 위한 성경적 성교육 · 2

김지연 지음

My beautiful one

나의
어여쁜 자야

아름다운
남녀 창조 편

40th 두란노

CONTENTS

01

남자와 여자를 만드신
하나님의 솜씨

02

타고난 성별마저 혼란을 주는
성교육 현실

김지연 대표는 천국의 보배입니다. 저자를 보배라고 하는데는 그럴 만한 이유가 있습니다. 김지연 대표는 용기(勇氣)와 지혜(智慧)와 은혜(恩惠), 요약해서 '기지은(氣智恩)'의 지도자이기 때문입니다.

저자는 기(氣), 즉 용기가 있습니다. 속으로는 안타까워하고 뒤에서는 투덜거리면서도 정작 앞에서는 침묵하는 비겁한 대중 앞에서 저자는 불같이 뜨거운 용기를 냅니다.

김지연 대표는 지(智), 즉 지혜가 있습니다. 뜨거운 가슴(heart)의 열정과 얼음같이 차가운 머리(mind)의 지혜를 겸하지 못하는 대중 앞에서 그는 성경적 가치관에 관해 뜨거우면서도 냉철한 지혜를 발휘합니다.

또 은(恩), 즉 은혜가 있습니다. 삶이 힘겨워 몸부림치면서도 하나님의 은혜 앞에 나가지 않는 대중 앞에서 그는 하나님께서 "불말과 불병거"로 호위해 주신 도단 성의 엘리사처럼 늘 주님의 은혜를 간구하는 사람입니다.

끝으로 영전(靈戰)의 거장(巨將)입니다. 하나님이 죄라고 하신 것을 인간이 죄가 아니라고 프레임을 바꾼 뒤 그것을 법제화하고 오히려 진리를 외치는 기독교인에게 '혐오 프레임'을 덮어씌워 입을 틀어막는 사람들에게 저자는 그들을 혐오하는 것이 아니라 사랑해서, 그들이 파멸의 굴레에서 벗어나 진정한 자유를 누리기를 바라며 전쟁을 치르고 있습니다.

천국의 보배요 영전의 거장인 김지연 대표의 이 책이 널리 알려져서 "백성이 지식이 없으므로(호 4:6)" 망하지 않도록 하고, "힘써 여호와를(호 6:3)" 알게 하여 예수 그리스도 안에서 복음의 승리와 자유를 누리게 되길 바랍니다.

권성수 대구동신교회 담임목사

하나님이 만드신 생명과 결혼 제도 같은 아름다운 질서를 인권, 다양성, 존중과 배려, 성적 자기 결정권, 휴머니즘과 관용주의 등 각종 현란한 프레임을 갖다 붙여 파괴하고 있습니다. 성경에서는 분명히 죄라고 명시된 것들도 이제는 더 이상 죄가 아니며 하나의 상대적 가치로 보자고 포용하고 있습니다.

저자는 은밀하고 교묘하게 기독교적 가치관을 무너뜨리는 거대한 세력과 치열한 전쟁을 치르고 있습니다. 사나 죽으나 주를 위해 사는 것을 영광으로 여기면서 말입니다. 이 책을 읽고 나면, 성경이라는 안경을 쓰고 세상 구석구석을 바라볼 수 있습니다. 비록 자녀 앞에 당당하거나 떳떳한 부모가 아닐지라도 모든 죄를 사해 주신 십자가 사랑에 의지하여 성경적 가이드라인을 가지고 아파하며 무너져 가는 차세대를 가르칠 수 있습니다. 성경 말씀에 순종하느라 고군분투하는 모든 크리스천 양육자와 차세대에게 바른 성경적 가치관을 심어 주고, 하나님과 함께 거룩한 성읍을 늘려 가고자 하는 모든 이에게 강력한 무기가 되어 줄 책입니다.

김동현 제자들교회 담임목사

한국가족보건협회가 주관한 '국제 생명주의 성가치관 교육을 위한 포럼'에 참석했다가 낙태를 고민하는 청소년의 고민을 들을 기회가 있었습니다. 이 문제는 단순하지 않습니다. 우리는 그에게 아이를 지우라고 할 수 없습니다. 그렇다고 그 청소년이 아이를 키울 수도 없습니다. 이런 상황에서는 국가가 문제 해결을 고민해야 하고, 우리 어른들이 대안을 마련해 주어야 합니다.

그러면 어떻게 해야 할까요? "어릴 때부터 성교육을 제대로 해야 한다. 사회적 차원에서 그들을 어떻게 구제하고, 도울 것인지 대책을 마련하고, 낙태 방지를 위한 인프라를 구축해야 한다. 아이들에게 생명을 중시하는 사상을 심어 주어야 한다." 사람들은 이런저런 이론과 원칙을 제시하곤 합니다. 말하는 사람은 많은데, 실질적인 도움은 별로 없습니다. 우리는 이 점을 기억하면서 청소년의 성문제에 접근해야 합니다.

우리 사회의 성가치관이 무너지고 있는 것이 사실입니다. 미디어의 악영향과 급진적인 성교육의 폐해와 생명을 경시하는 풍조가 전통적 성 가치관을 무너뜨리고, 가치관에 혼란을 일으킵니다. 자기 결정권을 보십시오. 성적 자기 결정권이 있으니 자기 마음대로 성관계를 할 수 있다고 말합니다. 그러나 많은 심리학자가 연구한 바에 따르면, 자기 마음대로 하는 사람들은 결국 심리적으로나 정서적으로나 정신적으로나 육체적으로 망가진다고 합니다. 겉으로는 그들의 라이프 스타일이 굉장히 멋지고 자유로워 보이지만, 이면에는 인간을 파괴하는 무서운 것들이 도사리고 있다는 것을 아무도 얘기하지 않습니다. 그것이 청소년들에게 미치는 폐해가 심각하다는 것은 크리스천뿐 아니라 일반인들도 잘 아는 내용입니다.

결혼은 하나님이 창조하신 원리요 제도입니다. 그러므로 그것을 어길 때 오는 폐해가 매우 심각합니다. 하나님의 원리를 마구 어긴 뒤에 감당해야 하는 결과는 너무나 비참하다는 것을 기억해야 합니다. 그러나 옳은 것이라도 듣기 싫은 이야기를 하면 손가락질을 받는 시대가 되었습니다.

얼마 전에 파키스탄에 다녀왔는데, 그곳은 일부다처제 사회입니다. 너무나 많은 여성이 눌려 살고 있으며, 근친상간과 성범죄가 많아서 여성이 자유롭게 다닐 수가 없습니다. 사회에 정말 우울한 그늘이 드리워져 있었습니다. 크리스천의 '선한 영향력'이 절실함을 느꼈습니다.

용기 있게 바른 성교육을 가르치는 한국가족보건협회 김지연 대표의 활동이 더욱 확장되기를 축복합니다. 신학교 총장으로서만 아니라 크리스천으로서 국민으로서 부모로서 여성으로서 개인으로서 이 책의 출간에 감사하고, 이 책이 사회에 선한 영향력을 주기를 바랍니다.

김윤희 횃불트리니티신학대학원대학교 총장

내가 만난 김지연 대표는 백년전쟁 시기에 프랑스를 구한 잔 다르크를 연상케 합니다. 그런 분이 한국 사회와 차세대의 성경적 성가치관을 위해 탄탄한 내용을 바탕으로 쓴 귀한 이 시리즈를 출간한 것은 민족을 구하는 일처럼 값지다고 생각합니다.

김종원 경산중앙교회 담임목사

저는 개인적으로 성이슈에 민감한 지역에서 첫 목회 사역을 시작했습니다. 어렸을 때부터 보수적인 신앙 교육을 받고 자란 저에게는 큰 도전이 아닐 수 없었습니다. 이미 1992년에 성전환한 학생이 여대 졸업식에 참석하는 것을 보았으며, 동성 결혼을 인류애의 최고 모범인 양 가르치는 미국 교회의 건물을 빌려 예배를 드렸기 때문입니다. 지금 표면화되고 있는 이슈들은 기어코 올 것이 온 상황이며, 여기에 정치적 입김까지 불어오니 우리는 떠밀려 피할 수 없는 시간이 되었습니다.

캘리포니아 공교육의 혼란스러움으로 많은 크리스천의 자녀 교육이 불투명해진 상태에서 때마침 김지연 대표의 이 책이 나와서 기쁩니다. 성경적 근거가 탄탄한 성교육으로 하나님의 창조 질서를 가르치고 총체적이면서 실질적인 가이드라인까지 제시하고 있습니다.

과거 공산당의 총부리 앞에서 예수를 부인하느냐 마느냐는 오히려 간단했습니다. 지금 사탄의 공격은 교묘하고 혼란스럽기까지 합니다. 이때

나의 어여쁜 자야

에 바른 성에 관한 성경적 근거와 정확한 자료를 바탕으로 과학적으로 접근하는 저자의 가르침은 가뭄 속에서 만난 시원한 소나기 같습니다. 성에 대해 더 이상 쉬쉬할 것이 아니라, 올바로 가르쳐야만 하는 절박한 때가 왔습니다. 차세대의 교육과 교회 내에서 바른 성 역할을 가르쳐야 하는 목회자와 교회학교 선생님에게 이 책을 강력히 추천합니다.

김한요 남가주 베델교회 담임목사

이 시대는 왜곡된 성가치관, 가족관, 결혼관, 생명관이 은밀하게, 때로는 노골적으로 차세대에게 스며들어 그들이 영적인 위기를 겪고 있습니다. 내가 태어날 때 받은 성(엄격히는 난자와 정자가 수정되는 순간 결정된 성)을 무시하고 내가 느끼는 대로 성을 바꿀 수 있는 시대이기도 합니다. 과연 이것이 옳은가에 관한 물음에 속 시원한 대답을 해 주는 책이 나와서 무척이나 반갑습니다.

이 책은 다음과 같은 특징을 가지고 있어서 읽을 만합니다. 첫째, 의료인으로서 저자는 풍성한 전문 데이터를 가지고 문제를 하나하나 풀어 가고 있습니다. 둘째, 연구자로서 저자는 미국과 영국 등 해외의 실제 사례들을 넉넉하게 연구하여 제시함으로써 성 정체성의 혼란이 본인과 가족들에게 얼마나 큰 피해를 미치는지를 알려 주고 있습니다. 셋째, 무엇보다도 진리의 탐구자로서 저자는 성경적인 근거를 명료하게 제시하고 있습니다. 원어 성경의 히브리어와 헬라어를 동원하면서까지 말입니다.

창조주 하나님이 질서대로 만드신 것을 무시하고 이치를 거스르는 '역리'로 치닫고 있는 이때, 바른 성가치관을 알려주고 하나님과의 관계가 끊어진 이들에게 회복과 자유를 주는 책이 되길 바라며 강력하게 추천합니다.

박성규 부전교회 담임목사

김지연 대표님을 보면 하나님이 세우신 전사 같습니다. 대표님은 성경 말씀을 절대 진리로 믿으며 창세기 1장부터 목숨을 다해 지키기 위해 힘을 다할 뿐 아니라 많은 사람을 "마땅히 행할 길(잠 22:6)"로 인도하기 위해 올인하고 있습니다. 특히 잘못된 성개념에 속아서 하나님을 떠나 자유를 억압당하고 스스로 망가뜨리는 삶을 사는 차세대를 보면, 지체 없이 뛰어가 도와주고 다시 일으켜 세웁니다. 삶으로 보여주는 성교육의 중요성을 일깨워 주고 전 세계적으로 행해지는 반기독교적인 글로벌 성혁명의 실태를 면밀하게 보여 주며, 죄악의 쓰나미를 이길 수 있는 실질적인 방법까지 담고 있는 이 책을 강력하게 추천합니다.

박신웅 얼바인 온누리교회 담당목사

김지연 대표를 뵐 때마다 식지 않는 열정을 느낍니다. 그토록 공격받으며 외로운 길을 가다 보면, 지칠 만도 하고 실망할 만도 한데 눈은 더욱 반짝거립니다. 순수함, 지혜로움, 그리고 주님을 향한 사랑과 다음세대를 향한 애절한 마음 등, 저자를 떠올리면 생각나는 단어들입니다. 뿌리 깊은 나무는 흔들리지 않듯이, 저자의 이런 내공은 양가의 오랜 신앙 전통에 기인한 것을 알게 되었습니다.

이번에 출판한 책은, 저자가 목회자가 아니기에 더 큰 장점을 발휘합

나의 어여쁜 자야

니다. 더욱 넓은 안목과 세상을 관통하는 식견과 전문성이 돋보입니다. 이 책을 읽고 나면, 약사 출신의 평범한 주부이자 어머니인 저자가 왜 비뚤어진 비성경적 성이데올로기와 맞서 싸우는 영적 전사가 되어야만 했는지 독자는 이해하게 될 것입니다. 분명한 데이터와 사례를 통해 논리적으로 기술함으로 동성애자와 옹호론자, 그리고 교회 안에 널리 퍼진 무관심한 성도들과 동정론자들에게 큰 설득력이 있고, 파괴력이 있습니다.

책 내용에 종종 등장하는 저자가 겪은 실례들은 독자들에게 동병상련을 일으킵니다. 내 자식의 이야기 같고, 내 가족의 이야기 같기 때문입니다. 그래서 이 책은 대단히 실제적입니다. 가정의 가치, 성경 말씀의 가치, 그리고 도덕과 윤리의 중요성을 강조함으로써 그 대안을 스스로 찾게 합니다. 부모로서 그동안 가정에서 자녀들에게 놓치고 살았던 그리스도인의 삶의 모습을 돌아보게 만들고, 어떤 가정을 이루어야 하며, 성의 중요성도 자연스레 느낄 수 있는 탁월한 책입니다.

교회에서 리더들이 성도들과 함께 스터디 교재로 사용해도 좋을 것 같고, 가정에서 사춘기 전후의 자녀들과 함께 읽고 적용해도 유익한 책입니다. 나무는 그 열매를 통해서 알 수 있습니다. 책 내용도 좋지만, 이 책을 저술한 김지연 대표, 그 자체를 신뢰하기에 이 책을 기쁘게 교회와 성도들에게 추천해 드립니다.

박한수 제자광성교회 담임목사

아직도 기억이 납니다. 제 큰아들이 데이트를 하게 되었다는 소식을 들었을 때를요. 일 년 중 절반은 해외를 다니며 가난한 어린이들을 예수님의 이름으로 양육하는 한국컴패션 대표로 있다 보니, 자녀들 양육은 거의 아내에게 맡겨 두는 편이었습니다. 그럼에도 아이들에게 아버지가 꼭 필요한 중요한 순간에는 최선을 다해 곁에 있고자 했습니다.

저희 세 아들만을 위한 성경 통독 캠프를 열기도 하고, 큰아들이 사회에 나갈 때에는 남자들만의 여행을 떠나기도 했지요. 그런 제가 정말 중요시하는 것이 바로 '신사적 데이트'입니다. 여기에 성교육이 안 들어갈 수 없지요. 아버지로서 아들에게 성교육을 한다는 것이 민망할 수도 있습니다. 하지만 아들들을 사랑하기 때문에, 또 아들들이 만들어 갈 멋지고 행복한 가정을 그려 보고자 하기에 양보할 수 없는 시간입니다.

개발도상국 현지를 다녀 보면, 가난으로 말미암아 무너진 가정들이 너무나 많습니다. 그리고 그 속에서 자란 아이들이 성적으로 잘못된 방식으로 착취당하는 장면도 숱하게 봅니다. 컴패션은 가난 속에 있는 전 세계 25개국 200만 명의 어린이들을 양육하고 있습니다. 이 어린이와 청소년들에게 남녀의 신체적 차이를 꼭 가르칩니다. 하나님의 형상으로 만들어진 우리가 얼마나 아름다운지를 내면의 아름다움이라는 커리큘럼과 함께 어릴 때부터 가르칩니다. 이어 아름다운 가정과 결혼에 대해서도 가르치죠. 이로써 어린이들은 자신을 지키고 방어합니다. 그리고 상대를 존중하는 법을 배웁니다.

그런데 성은 왜 그렇게 왜곡되고 이용당할까요? 그만큼 소중하고 귀하며 근본적으로 정체성에 영향을 주기 때문이지 않을까요? 요즘과 같이 내면이 무너지기 쉬운 디지털 환경을 생각할 때, 이 책은 하나님의

형상인 우리 자녀들의 행복한 미래를 지키려는 모든 부모님에게 최고
의 무기가 될 것입니다. 하나님의 말씀과 전문적 지식은 물론, 자녀들의
미래를 지키고자 하는 도전과 격려까지 함께 받으시기 바랍니다. 진심
으로 자신을 사랑하고, 그 사랑으로 다른 이를 지키고자 하는 분들께 이
책에 담긴 아름다운 열심을 선물하고 싶습니다.

서정인 한국컴패션 대표

부모가 청소년 자녀들의 성교육을 하는 지침서가 출간된 것을 매우
기쁘게 생각합니다. 한국 교회의 성교육 현장을 고려할 때, 부모와 교사
및 교회학교 청소년 사역자들에게 이 책이 꼭 필요하다고 생각합니다.
특히, 이 책은 다음과 같은 점에서 필독서가 되어야 할 것입니다.

첫째, 성을 문화적인 차원에서 접근하였습니다. 성은 항상 우리 문화
를 통해서 다가오기 때문에 성문제를 문화 차원에서 기술한 것은 매우
효과적인 접근이라고 생각합니다.

둘째, 이 책은 학자가 빠지기 쉬운 학술적 논의나 이론 중심이 아니
라 우리 삶의 현장과 성문화의 현실을 잘 소개하고 묘사하고 있어 매우
현장감이 있고 설득력이 있습니다.

셋째, 이 책은 부모의 입장에서 접근하였습니다. 성교육의 주체 중에는
부모, 학교 교사, 교회 사역자, 혹은 상담 전문가가 있습니다. 그중에서 가
장 중요한 주체는 부모입니다. 이 책은 자녀를 가르치는 부모를 위해 성
교육의 기본자세까지 세세히 소개하고 있어 매우 바람직해 보입니다.

넷째, 성교육의 필요성을 절실하게 잘 표현한 책입니다. 우리 자녀들

이 하나님 안에서 거룩한 자녀로서 성장하기를 기대한다면, 당연히 자녀들에게 성에 대한 성경적 관점을 확실하게 교육해야 합니다. 그런 점을 잘 표현한 책입니다.

다섯째, 이 책은 동성애 문제를 가슴으로 외치며, 교회를 비롯한 수많은 곳에서 동성애의 문제점을 가르쳐 온 현장 실천가로서의 열정이 담긴 책입니다. 그런 저자의 마음과 열정을 읽을 수 있어 더욱 마음이 가는 책입니다. 강연으로만 그치지 않고, 성경적 토대, 법 제정의 필요성, 의학적 시각의 효율성 등을 균형 있게 고려하며 행동해 온 실천가의 책이라는 점이 우리에게 큰 울림을 줍니다.

이 책을 통해 부모들이 자녀 성교육에 관한 큰 도움을 받기를 바랍니다. 성경적 성교육의 바람이 한국 교회를 도전하고, 한국 사회 전체에 성교육의 중요성을 알림으로써 교회와 사회 전체가 성 문제를 더욱 심도 있게 인식하고, 올바로 다루는 놀라운 열풍이 일어나기를 간절히 소망합니다.

오규훈 장로회신학대학교 목회상담학 객원교수, 전 영남신학대학교 총장

건강한 가정의 부재는 이 시대의 비극입니다. 오늘날 우리가 목도하는 고통스러운 사회 현상의 뿌리는 거의 예외 없이 가정의 문제와 연결되어 있습니다. 세상은 가정을 세우는 일보다 개인을 세우는 일을 더 우선으로 하고 있습니다. 이러한 시대적 흐름은 시간이 지날수록 우리 사회와 개인의 삶을 왜곡하고 질식시킬 것입니다.

그러나 우리에게는 이미 건강한 가정의 부재에서 비롯되는 모든 문

나의 어여쁜 자야

제를 해결할 수 있는 놀라운 열쇠가 있습니다. 하나님께서 축복하신 성경적 가정을 바로 세우는 것입니다. 이것이 없이는 가정에 대한 세상의 수많은 전문가의 견해나 저술이나 연구조차 백약무효일 것입니다. 가정의 해체가 일상이 되어 버린 지금, 성경적 성가치관에 기준을 둔 김지연 대표의 《디지털 세대를 위한 성경적 성교육》 시리즈가 출간되어 얼마나 다행스럽고 감사한지 모릅니다.

성경 인물 가운데 요셉은 청년 시기에 자신의 몸을 지킴으로써 자기 혼자만 산 것이 아니라, 당시 기근으로 인해 고통당하는 온 나라와 주변 나라들을 살렸습니다. 김지연 대표의 이 시리즈가 이 시대의 요셉 같은 인물을 배출하는데 귀하게 쓰임 받는 은총의 통로이자 은혜의 저수지 역할을 하게 되기 바랍니다.

모든 주일학교 교사, 믿음의 부모들이 이 책을 필독서로 곁에 두고, 줄을 치며 읽고 체화하여 가정에서부터 생생하게 적용한다면, 이 시대의 아픈 가정과 청소년들을 바로잡는데 큰 축복이 될 것입니다.

오정현 사랑의교회 담임목사

창조주 하나님은 우리 모두가 기쁨에 넘치는 삶을 살아가기를 원하십니다. 처음 가정을 에덴(Eden)동산, 즉 즐거움의 동산에 살게 하신 깊은 뜻이기도 합니다. 하나님은 가정의 질서가 깨어질 때의 아픔과 혼란을 예견하셨습니다. 불순종으로 인하여 사람이 에덴동산에서 추방당하는 모습에 얼마나 가슴이 아프셨는지, 예수 그리스도의 십자가를 예비하시고, 그 사랑으로 잃어버린 낙원, 곧 실낙원을 회복시켜 주셨습니다.

복낙원 시대를 열어 주신 것입니다.

생명과 가정의 가치는 개인과 사회의 건강성을 담보합니다. 인간의 타락은 성적인 무질서와 맞닿아 있습니다. 그러므로 건강한 가정과 사회를 이루기 위해서는 성경적 가치를 바탕으로 한 세계관으로 남성과 여성의 정체성을 회복하는 것이 급선무입니다. 이 책의 저자인 김지연 대표는 가정의 회복이라는 우리 시대의 요청을 소명으로 알고, 몸과 마음을 다하여 달려온 국보적 인물이라 확신합니다. 성경적 원리를 바탕으로 온 힘을 다해 써 내려간 이 책은 올바른 성교육과 가정 회복에 생기를 불어넣어 줄 것입니다.

오정호 새로남교회 담임목사, 제자훈련목회자협의회(CAL-NET) 이사장

이 세상은 내가 주인이라고 가르치지만, 성경은 인생의 주인은 하나님이라고 분명하게 말씀합니다. 내 인생의 주인은 나이며 내 마음대로 사는 것이 권리라고 가르치는 시대에 그렇지 않다고 외치며 전국을 누비는 김 대표의 강의는 잠든 영혼, 식물인간 상태의 영혼들을 깨웠습니다. 먼저 깨어난 주님의 자녀는 배운 대로 가르쳐 지키게 해야 할 사명이 있습니다.

공교육은 스스로 주인이 되어 살라고 교육합니다. 우리의 차세대를 공교육에 내맡기기만 해서는 안 됩니다. 인생의 주인은 하나님이라고 분명하게 가르쳐야 합니다. 마땅히 가르쳐야 할 바를 가르쳐 자녀의 영혼 구원에 열정을 쏟아야 합니다. 지금은 너무나 악한 때이기 때문입니다. 이 책은 세상의 타락한 교육에서 우리 자녀들을 건져 내어 거룩하게

가르칠 내용, 즉 근본적인 것부터 가볍게 실천할 수 있는 방법들까지 알차게 소개하고 있습니다.

바른 신학에 기초한 성경적 가이드라인을 제공하고 있으며, 거짓되고 왜곡된 허상을 깨뜨릴 여러 자료가 풍부합니다. 양육자가 먼저 읽고 무장하여 가르친다면, 세상에 맞서 승리할 예리한 검을 차세대의 손에 쥐여 줄 수 있을 것입니다. 우리 자녀가 우리 동역자가 되지 못한다면, 그들은 우리 대적이 되어 우리 마음을 후벼 팔 것이며 우리 노후도 평안하지 못할 것입니다. 차세대를 잃어버리지 않고, 그들을 주님 앞에 거룩하게 세우기 위한 저자의 눈물과 땀이 밴 노력의 이야기가 독자의 식은 가슴을 두드려 뜨겁게 할 것입니다. 교역자, 학부모, 교사 모두 이 책을 일독하시기를 권합니다.

육진경 전국교육회복교사연합 대표, 서울 상도중학교 교사

하나님이 주신 소중한 선물 중 하나인 성이 오히려 우리 시대와 특별히 차세대들에게 아픔을 주고 있는 지금의 현실은 너무나 안타깝고 가슴 아픈 일입니다. 모두가 문제의 중요성과 심각성을 잘 알고 있지만, 실제적이고 구체적인 대안과 방법을 마땅히 찾지 못하고 있는 것도 사실입니다. 특히 미디어와 학교 현장에서 비성경적인 성가치관과 성교육이 무분별하게 무차별적으로 전달되는 현실은 의식 있는 많은 학교 및 교회 교사와 학부모들의 마음을 암담하고도 두렵게 하고 있습니다.

그러나 우리는 성경과 역사를 통해 하나님이 때마다 다윗처럼 당신 마음에 맞는 사람을 택하셔서 자기 뜻을 행하고 이루시는 것을 볼 수 있

습니다. 이 같은 하나님의 선하신 손길은 우리의 견고한 소망입니다.

이번에 김지연 대표님을 통해 비성경적 성교육의 내용과 그에 따른 문제를 분별하여 올바른 판단을 할 수 있는 책이 출간된 것은 이 시대와 차세대를 향한 하나님의 선물이라고 생각합니다. 특별히 올바른 성경적 성가치관과 성교육을 할 수 있는 좋은 지침서 역할을 할 내용을 담고 있어 개인적으로 정말 감사한 마음입니다. 교회에서 차세대를 섬기는 교회와 학교의 교사들, 부모님들, 나아가 이 시대 모든 세대에 꼭 필요한 책이라고 생각되어 간절한 마음으로 추천합니다.

이강주 광주향기교회 담임목사, HCS 기독사관학교 설립자

성(性)을 둘러싼 논쟁의 시대, 우리는 그 치열한 세대를 살고 있습니다. 세태에 걸맞게 '글로벌 성혁명'이라는 표현도 결코 낯설지 않습니다. '성혁명'은 교회 현장마저 아노미 상태에 빠뜨릴 만큼 파괴력 강한 현시대의 정신으로 군림하고 있습니다. 지난 200여 년 동안 반기독교적 성혁명 사상가들과 활동가들이 치밀하게 조직적으로 세워 온 사상 체계와 그들의 행동 강령이 교회와 사회를 공략하고 있습니다. 성경적 세계관과 하나님의 창조 원리를 무너뜨리려고 울어 대는 사자처럼 말입니다.

하나님의 형상 파괴를 더욱 가속화시키는 이런 성혁명을 이 시대의 진보 사상으로 둔갑시킨 것은 사탄의 사특한 계략입니다. 이런 사조를 비판하고 저항하는 이들을 시대에 뒤진 사람으로 취급하고, 나아가 법적으로 제한하고 구속하는 일들이 이제 한국 사회는 물론 지구촌의 일

나의 어여쁜 자야

상이 되어 가고 있습니다. 이러한 때, 저자의 이 책은 성관련 윤리 담론과 교육 지침을 크리스천 가정이나 교회 안으로만 제한하지 않고, 누구나 쉽게 읽고 공감할 수 있는 유용한 지식과 실제적 지침으로 제시하고 있습니다.

이 책에서 저자는 오염된 성문화는 성규범 해체로 이어져 인간성 상실과 가정 해체, 나아가 기독교 해체로 귀결됨을 다양한 예시를 들어 객관적 정보와 논리적 언어로 풀어냅니다. 이제껏 저자는 사단법인 한국가족보건협회 대표 이사와 차세대바로세우기학부모연합 상임 대표를 맡아 성경적 성가치관을 다양한 방식으로 전파해 왔습니다. 이번에는 성혁명 이면에 도사린 음란한 실체와 그 세력을 무장해제시킬 영적 매뉴얼이 될 책을 통해 독자들과 만날 것입니다. 왜곡된 성문화에 깊이 물든 디지털 세대를 바르게 인도하고자 하는 분들이면 누구나 읽어야 할 필독서로 이 책을 추천합니다.

이상명 미주장로회신학대학교 총장

김지연 대표의 이 책은 하나님의 말씀에 기반한 성경적 성가치관을 폭넓게 다루는 책입니다. 성경을 보면 '성'이라는 단어를 단독으로 쓴 예가 없으며 결혼, 출산, 남자, 여자, 간음, 순결 등 구체적인 주제 속에서 연계되어 존재한다는 내용이 인상 깊었습니다. 그런 면에서 이 책은 다른 성교육 책들과는 확연히 다릅니다. 성경에 정통한 성교육 교과서로서 목회자, 교사, 학부모에게 너무나 큰 도움이 되는, 오랜 가뭄 끝에 만나는 단비처럼 아주 귀한 책입니다. 성경을 기반으로 하고 있어서 남녀 차이부터 이성 교제, 결혼, 출산, 임신, 생명, 가족에 이르기까지 이른 바 성에 관한 모든 것을 가르치고 양육하기에 아주 좋은 지침서입니다. 술술 읽히면서도 심오한 깊이가 있습니다.

세상은 잘못된 성문화를 가르치고 있습니다. 성만을 강조하여 가르침으로써 인간의 성적 욕구를 강조하고, 그로 인해 성에 지나치게 노출된 아이들은 성애화를 겪습니다. 텔레그램 'n번방' 사건을 접하면서 근본적인 질문이 생겼는데, 그 답을 이 책에서 찾은 것 같습니다. 현재 성교육의 부작용이 무엇이고, 제2의 '조주빈'이 탄생하지 않게 하려면 어떻게 해야 할지를 이 책을 통해 알 수 있습니다. 모든 주일학교와 가정에서 이 책을 활용하기를 강력하게 추천하는 바입니다.

이영훈 여의도순복음교회 담임목사

이 시대 혼란의 중심에는 성 정체성의 혼란이 있습니다. 남자와 여자의 성구별을 없애려는 시도만이 아니라 남성됨과 여성됨이 어떤 의미인지 잘 알지 못함으로 인한 혼란까지 혼돈의 영이 매우 깊고 넓게 영향을 미치고 있습니다. 이를 해결하기 위해서는 하나님의 창조 질서 안에서 성을 이해하는 길밖에 다른 길은 없습니다. 성경적 성교육이 절실히 필요한 이유입니다.

성경은 기록될 당시의 세상에 존재했던 성 정체성의 혼란을 그대로 보여 주면서 타락한 세상의 중심에 성적 타락이 있음을 증거합니다. 하나님이 인간을 하나님의 형상대로 만드시되 남자와 여자로 창조하시어 이루고자 하신 질서는 성가치관의 회복으로만 이해할 수 있습니다. 김지연 대표님의 모든 사역은 하나님의 창조 질서를 회복하는데 있습니다. 무너진 성가치관을 바로 세우고 한국 교회와 사회를 올바로 세우는데 이 책이 귀하게 쓰임 받게 되리라 믿습니다.

이재훈 온누리교회 담임목사

"모든 지킬 만한 것 중에 더욱 네 마음을 지키라 생명의 근원이 이에서 남이니라(잠 4:23)"라는 말씀처럼 우리는 다음세대의 마음을 지키는데 온 힘을 쏟아야 하는데, 좋은 대학과 좋은 직장만을 위해 관심을 쏟으며 최고의 스펙을 만드는 것이 부모의 사랑이라고 착각하며, 그 일에만 헌신하고 희생하는 부모님들을 너무나 많이 봤습니다. 오랜 기간 사탄은 미디어, 음란물, 학교의 잘못된 성교육 등을 통해 다음세대의 가족관과 세계관과 생명관을 무너뜨리는데 성공해 왔습니다.

이 책은 세상에 빼앗긴 자녀들의 마음을 다시 하나님께로 되돌릴 수 있는 지혜의 책입니다. 만약 한국의 모든 부모들이 이 책의 내용을 자녀들에게 가르치고 양육한다면, 한국이 어떤 나라가 될지 생각만 해도 전율이 느껴집니다. 또한 각 나라에 흩어져 있는 한인 부모들도 마찬가지라고 생각됩니다. 이 책을 한 장 한 장 진지하게 읽으시라고 모든 부모들에게 권하고 싶습니다. '부모가 얘기하는 거니까 하지 마'라는 식의 권위만을 앞세우는 가르침은 자녀의 마음을 상하게 합니다. 실제 사례, 통계, 연구 결과 등이 담긴 이 책은 자녀들에게 올바른 성가치관에 대하여 명확히 가르칠 수 있는 좋은 도구(Tool)가 될 것을 확신합니다. 세상에 빼앗긴 우리 자녀들의 마음이 이 책을 통해 하나님이 기뻐하시는 순결

한 마음으로 다시 돌아올 것을 기대하며 소망합니다.

이진아 남가주다음세대지키기 대표

근래에 들어 우리와 우리 자녀들을 혼란에 빠뜨리는 다양한 공격이 펼쳐지는 것을 볼 수 있습니다. 그리고 이런 공격으로 인해 그동안 견지하던 가치관이나 신앙이 흔들리는 분들이 많아지는 현실입니다.

우리를 혼란에 빠뜨리는 다양한 공격 중에 가장 치명적인 것이 바로 '성'입니다. 악한 세력은 마치 누군가가 다른 이들을 억압하기 위하여 만들어 놓은 장치인 것처럼 성을 왜곡하더니, 자유와 권리라는 이름으로 무책임한 성관계를 조장했습니다. 이제는 본래 태어난 성을 부정하고, 내가 느끼는 바로 그것이 나의 진정한 성이라고 말하기 시작했습니다. 이런 논의가 사람들의 가치관을 얼마나 흔들어 놓을지 염려스럽습니다.

이런 상황에서 이 문제를 가지고 오래 고심하며 연구해 온 김지연 대표님의 성교육 책 출간이 반갑습니다. 이 책에는 다년간 강의를 통해 쌓은 경험과 노하우가 고스란히 담겨 있습니다. 학교와 교회 현장에서 바로 쓰일 수 있도록 만들어져 더욱 감사한 마음이 듭니다.

말세에 교회와 성도를 향한 공격은 더욱 거세질 것입니다. 혼자 맞설 수 없습니다. 열정만으로도 안 됩니다. 바른 성경적 지식을 배우며, 함께 헤쳐 나가야 할 것입니다. 이 책을 통해 성경이 말하는 성에 대한 명확한 지식을 배우고 가르치길 기대합니다.

이찬수 분당우리교회 담임목사

나의 어여쁜 자야

생명주의 성교육이 너무나 필요합니다. 성을 쾌락으로만 생각하면 결코 만족에 이를 수 없는 인간의 비참함과 마주하게 됩니다. 김지연 대표님을 만나 성경적 성교육 양성 기관인 에이랩(ALAF, Awesome Life Awesome Family)에서 공부하면서 기도하고 행동하는 크리스천으로서의 정체성을 갖게 되었습니다.

교육 현장에서 강의할 때마다 성경적 성교육에 관한 마땅한 책이 없어 안타까웠는데 그리스도의 자녀로, 제자로, 신부로, 군사로 어떻게 행해야 할지 알려 주는 책을 드디어 만나게 되어 감격스럽습니다.

이 책은 막연하게만 생각되던 자녀 성교육의 훌륭한 안내서입니다. 또한 가치관이 혼재된 시대를 살아가며 분명한 성경적 세계관을 재정립하고 싶다면 반드시 읽어야 할 책입니다. 저에게 큰 도움이 된 명저를 여러분에게도 기쁨으로 추천합니다.

지소영 전 꿈의학교 교사, 방송작가

저는 유튜브 플랫폼을 이용해 영상을 업로드하다 보니 전 세계 한인 크리스천 청년들에게서 이메일 및 SNS 메시지를 많이 받습니다. 수많은 고민 상담 요청 중 열의 아홉은 연애와 결혼에 관한 문제, 곧 '성'에 관한 문제입니다. 개중에는 매우 심각한 내용도 더러 있습니다. 중요한 점은 사연 속 피해자와 가해자 모두 크리스천이라는 사실입니다. 목회자의 자녀 건, 선교사의 자녀 건, 교회 내 중직자의 자녀 건 또는 몇 대째 이어져 온 신앙의 가문의 후손이건 상관없습니다. 모두 넘어지고 다

쳤습니다. 얼마나 다급하고 간절했으면, 한 번도 만난 적 없는 영상 속 유튜버에게 자기 이야기를 써 보낼까요.

그들은 매우 진지합니다. 하나님을 향한 갈망이 그들 심중에서 솟구치고 있다고 생각합니다. 제가 그들의 진지한 고민에 답하고 있는 '연애 · 결혼 멘토링'의 주요 토대는 한국가족보건협회 김지연 대표님께 배운 내용들입니다. 김지연 대표님에 대한 개인적인 존경은 차치하더라도, 제가 지금껏 살펴본 곳 중에서 김지연 대표님의 한국가족보건협회가 가장 확실하고 안전한 (그리고 거의 유일한) 성경적 성교육을 하기 때문입니다.

의료학적으로나 뇌과학적으로나 신뢰와 검증은 말할 나위 없습니다. 즉 김지연 대표님의 성경적 성교육은 전 세계적으로도 대체가 불가합니다. 게다가 이름도 빛도 없이 섬기시는 한국가족보건협회 스태프분들과 수많은 '자봉(자원봉사의 줄임말)'분들의 희생을 보고 있노라면 언제나 마음이 숙연해집니다. 어찌 놀라운 성령의 열매가 맺히지 않을 수 있을까요?

저는 이 책이 나오기만을 기다렸습니다. 내용을 읽는 내내 밑줄을 긋느라 펜을 놓지 못했습니다. 저희가 주관하는 프로그램에 오시는 3040 기혼 여성분들과 2030 젊은이들에게 이 책을 추천할 겁니다. 더 나아가 이 책 내용을 바탕으로 성경적 성가치관을 설파할 겁니다. 이 악한 시대에 내가 어떻게 준비되어야 하느냐, 도대체 어느 책부터 읽어야 하느냐 묻는 수많은 분에게 이 책을 추천할 겁니다. 교회를 수호하고, 나라를 바로 세울 수 있는 마지막 복음의 무기가 바로 이 책에 다 담겨 있기 때문입니다.

나의 어여쁜 자야

이 책은 인생과 가정을 바로 세워 주시는 하나님의 은혜가 우리에게 닿는 매개체입니다. 특히 오늘날 우리가 어떤 크리스천으로 살아가야 하는지 그 시대적 사명을 알려 주는 매개체이기도 합니다. 이 책을 통해 우리가 그토록 바라는 복음의 역전이 실현되기를 응원합니다.

책읽는사자 유튜버, 사자그라운드 대표

나무는 나무처럼, 돌은 돌처럼, 곰은 곰처럼, 소는 소처럼, 고양이는 고양이처럼, 거북이는 거북이처럼 만드신 하나님. 그러나 우리 인간은 하나님의 형상을 본떠 만드셨고, 우리 자녀들 역시 하나님의 형상대로 지음 받은 귀한 존재들이다.

하나님이 성육신하여 이 땅에 오셔서 우리의 모든 죄를 다 뒤집어쓰시고, 성경에 예언된 대로 살아내시고 핍박당하시고 죽으시고 부활하셨다. 일점일획의 틀림도 없이 그 모든 구속의 역사를 성취하시어, 우리는 그저 믿으면 구원받도록 해 놓기까지 우리를 귀하게 만드시고 사랑해 주셨다.

죄의 삯을 사망으로 치러 내는 길 외에는 어떤 답도 없는 죄인 된 우리를 위해 하나님은 스스로 이 땅에 오셨고, 그의 사랑을 확증하셨다.

> "우리가 아직 죄인 되었을 때에 그리스도께서 우리를 위하여 죽으심으로 하나님께서 우리에 대한 자기의 사랑을 확증하셨느니라"
> 롬 5:8

우리는 하나님의 사랑을 받은 존재이며 그 사랑은 도저히 갚을 길이 없다. 또한 우리 자녀들 역시 그러한 헤아릴 수 없는 창조주의 위대한 사랑을 받은 존재들이다.

하나님은 부모인 우리에게 자녀 양육을 맡기셨다. 독생자의 핏값으로 사신 바 된 그 귀중한 영혼을 우리와 같이 부족한 자들에게 의탁하셨다. 놀라운 은혜다. 그러므로 부모인 우리, 양육자인 우리는 그 은혜의 의탁에 감사하며 하나님 아버지의 심정으로 자녀를 양육해야 한다.

우리는 자녀 양육을 함에 있어 구체적으로 어떤 태도를 취해야 할까?

"이스라엘아 들으라

우리 하나님 여호와는 오직 유일한 여호와이시니

너는 마음을 다하고 뜻을 다하고 힘을 다하여

네 하나님 여호와를 사랑하라

오늘 내가 네게 명하는 이 말씀을 너는 마음에 새기고

네 자녀에게 부지런히 가르치며

집에 앉았을 때에든지 길을 갈 때에든지

누워 있을 때에든지 일어날 때에든지 이 말씀을 강론할 것이며

너는 또 그것을 네 손목에 매어 기호를 삼으며

네 미간에 붙여 표로 삼고

또 네 집 문설주와 바깥문에 기록할지니라" 신 6:4-9

졸지도 주무시지도 않고 우리를 지키시는 하나님, 한순간도 쉬지 않고 중보하시는 예수님, 24시간 동행하심으로 역사하시는 성령님의 모습이 오버랩되는 이 신명기 말씀은 크리스천 양육자가 어떤 마음가짐과 태도로 자녀를 대하고 사랑해야 하는지를 잘 말해 주는 대표적인 구절이다.

이 땅의 모든 교육 공동체가 이러한 양육자의 마음으로 아이들을 교육하고 이끌어 가고자 다 함께 노력한다면 얼마나 좋을까? 그러나 각종 성교육을 빙자한 반기독교적 성문화의 유포가 갈수록 점점 더 심해지고 있다. 일부 서구권에서는 마침내 학부모들이 아이들을 등교 거부시키거나 자퇴시키는 일이 벌어지고 있다. 최근 우리나라에서도 그와 유사한 일들이 일어나기 시작했다.

공교육 현장에서 절제, 인내, 생명의 소중함, 결혼과 가정의 소중함 등에 관한 교육은 간과하고, 피임과 콘돔, 자기 성적 결정권을 주무기로 한 강력한 자유주의 성교육이 넓고 깊고 빠르게 그 뿌리를 내리고 있다. 이런 현실 속에서 성서적이고 신앙적인 성교육, 이른바 성경적 성교육의 필요성을 외치는 목소리들이 갈수록 높아지고 있다.

세상에 맡기고 성도들은 신경 쓰지도 않았던 영역이 바로 성교육 현장이다. 그러나 그곳에서 부모도 모르는 사이에 어느 날 영혼을 개조당하여 온 것 같아 보이는 자녀의 모습에 충격을 받아 뒤늦게 학교 앞에서 등교거부 운동(Sit-Out Campaign)을 벌이던 남가주 학부모들의 황망한 눈빛이 눈에 선하다. 필자가 성경적 성교육 순회강연을 요청받아 캘리포니아에 잠시 방문했을 때 만난 그들은 성교육 영역을 더 이상 세상에 내주지 말고, 반드시 기독교에서 성경 말씀에 근거하여 실시해야 한다고 말하고 있었다. 하나님을 경외하고 자녀들을 사랑하는 마음으로 대충 말고 제대로, 양다리 말고 성경을 기준으로 가르치는 진정한 기독교 성교육 말이다. 어찌 보면 지금이라도 그 절박성을 가지게 된 것이 감사하다는 생각이 들었다.

성경적 성교육 혹은 기독교 성교육을 한다는 것은 어떤 의미일까?

세상이 주는 많은 성관련 지식에 성경 구절을 추가로 적당히 얹어 놓고 교육하면 그것이 성경적 성교육일까? 혹은 동성애나 성전환 같은 사회적으로 문제가 될 만한 성적 이슈에 대해 적극 반대하는 것이 성경적 성교육의 핵심일까? 극단적인 금욕주의를 강조하며 인간의 성문제를 덮자고만 하는 것이 성경적 성교육일까?

변질되지 않은 성경적 성교육을 우리 차세대에 전수한다는 것은 그렇게 단순한 의미가 아니다. 세상이 주는 성관련 지식에 성경 구절을 추가하거나 하나님이라는 글자를 얹어 놓고 성교육을 하면, 그게 바로 성경적 성교육이라고 생각하는 것이 가장 대표적인 오류다.

이런 심각한 착각이 바로 올바른 성경적 성교육을 가로막아 왔다. 성경적 성교육은 방향성 자체가 다르기 때문이다. 어릴 때부터 성지식을 쌓게 하며 호기심을 주는 세상적 성교육에 하나님, 예수님이라는 글자를 얹은 것만으로 충분히 성경적이라고 외치는 목소리는 참으로 위험하다. 기독교 성교육은 어릴 때부터 호기심을 자극하며 성지식을 차곡차곡 쌓게 히는 것이 제일 목적이 아니라 성경적 관점, 세계관, 가치관의 확립을 최우선으로 하되 그것을 위해 반성경적인 성문화와 맞서 싸울 전문 지식도 갖추게끔 돕는 구조여야 한다.

성교육이라는 제목에 '성경적' 혹은 '기독교'라는 타이틀이 붙었다는 이유만으로 검증을 거치지 않은 성교육이 교회 안으로 들어와 오히려 더 심각한 부작용을 낳게 되는 현상은 마치 몸이 아파 약인 줄 알고 먹었는데, 알고 보니 독이어서 이젠 아픈 정도가 아니라 죽을 지경이 된 상태에 견줄 만하다.

성경적 성교육을 가정과 교회에서 세워 간다는 것은 예수님이 말씀하신 복음으로 이른바 생명과 경건에 관련된 모든 교육의 기초를 오로지 성경적 가치관으로 다시 세운다는 의미다.

다시 강조하지만 기독교 성교육이란 기존 성관련 지식에 성경 구절을 보태거나 하나님, 예수님 등 기독교 단어를 추가하는 것을 일컫는 것이 아니다. 교육을 통해서 전달하려는 '가치관' 자체가 성경적이어야 한다. 즉 전달하고자 하는 가치관 자체가 성경 말씀에 입각한 것이어야 한다는 말이다.

바꾸어 말하면 내가 실시한 성교육에서 하나님, 성령님 등의 모든 기독교 용어 혹은 모든 성경 구절을 다 빼버린다 하더라도 전달하는 가치관이 성경적이어야 하며 복음을 영화롭게 해야 한다는 뜻

나의 어여쁜 자야

이다. 모든 기독교 용어를 다 제거했을 때조차 그 교육의 가치관 자체가 성경적이고 말씀의 진리 위에 서야 한다는 의미는 성경적 성교육이 믿지 않는 자에게까지 영향력을 끼칠 수 있어야 함을 내포하고 있다.

그래서 크리스천 양육자는 자녀들에게 더욱 예수님을 따르고 성경적인 삶을 살도록 가르쳐야 한다. 믿지 않는 자들의 마음 밭을 진리를 갈망하는 밭으로 일구어 가는 교육이 되어야 한다.

다시 말해 하나님이라는 단어 혹은 온갖 기독교 관련 단어가 100번 혹은 1,000번이 나온다 해도 전달하려는 가치가 성경적인 관점에서 나온 메시지가 아니라면 엄밀히 말해서 그것은 성경적 성교육이 아니다.

진정한 성경적 성교육은 우리가 세상을 바라보는 시선 자체가 성경적이 되도록 가르치는 것이다. 그러기 위해 크리스천 양육자는 자녀들에게 성경 구절을 빼고도 가치를 전달할 수 있을 정도로 하나님 앞에서 연단되어져야 한다. 그리고 우리 크리스천 양육자 각자가 성경적인 삶을 살기 위해 기도하고 힘써야 한다.

성경적 성교육의 핵심

'생명과 경건에 관련된 모든 것'은 예수님의 신기한 능력으로 우리에게 이미 모두 주신 바 되었다고 성경은 단호하게 선포한다(벧후 1:3). 우리에게 너무나 큰 안정감을 주는 말씀이다. 하나님은 성적인 정결을 명하심에 있어서 간음과의 전쟁을 단순히 성적인 이슈로 제한하지 않고 거룩한 삶을 위한 핵심적 이슈의 위치로 끌어올리셨다.

성경을 지성으로 이해하는 사람과 성경에 사로잡힌 사람은 그 삶이 다르다. 말로만 크리스천인 사람과 존재 자체가 크리스천인 사람의 차이는 너무나 극명하다. 그리스도의 향기를 낸다는 것, 그것은 그 사람 자체가 크리스천이어야 가능하다. 사회적 영향력을 잃어버리고, 그 향기를 뿜어내기를 멈춘 교회는 오히려 세상의 영향을 받고, 사회적 지탄의 대상이 되며, 능력을 잃고 결국 성장이 멈추게 된다. 교회가 그 본질을 회복하려면, 복음 중심이 되어야 한다는데 이의는 없을 것이다. 우리 삶에 심각한 혼란을 초래하는 사회적인 이슈들에 대해 복음 중심으로 그 방향을 제시하는데 머뭇거려서는 안 된다. 인간의 성적인 영역에 있어서도 이 원리는 동일하게 적용되어야 한다.

특히 교회와 가정을 위협하는 각종 제도와 법안과 상당수의 정치적 이슈가 동성결혼법, 성매매 합법화, 간통죄 비범죄화, 포괄적 차별금지법, 성별정정 요건 완화 법안 등 성적인 이슈를 다루고 있는 것들임을 감안할 때 더욱 그렇다.

말씀에 근거한 참된 성경적 성교육은 세상 미디어의 왜곡된 영향으로 어느새 다른 곳으로 눈을 돌려 버린 자녀들의 시선이 다시 하나님께로 향하게 이끌어 준다. 성령 안에서 양육자와 자녀의 관계가 회복되게 하고, 위기의 가정이 주께로 돌아오게 하며, 가족들이 성령 안에서 소통하기 시작함으로써 말씀의 절대성과 본질을 구체적으로 다시 짚어 가도록 돕는다. 그리하여 쓰나미처럼 덮쳐 오는 간음의 문화와 악법들을 막아 낼 영적 근력을 마침내 우리 차세대에 안겨 줄 것이다.

우리 자녀들을 패륜적인 반기독교적 성교육의 바탕 위에 방치할 것인가? 아니면 하나님의 관점에서 확립된 성가치관의 바탕 위에 세울 것인가? 성경적 성교육의 핵심은 온갖 간음적인 생각과 행실에 한눈을 팔게 만드는 죄악의 신기루 속에 헤매는 우리 자녀들을 돌이키게 만들고, 변화시킬 유일한 해답인 '복음'에 있다. 우리가 아이들에게 말씀을 토대로 생명과 경건을 강론하는 것은 옵션이 아니라 의무다. 세상의 급진적 조류에 떠밀려 가는 것이 아니라 복음으로 역류할 힘을 탑재한 차세대를 키워 내기 위해 오늘도 눈물로 기도하고 있는 이 땅의 모든 크리스천 양육자에게 격려의 박수와 함께 부족하나마 이 책을 바친다.

2020년 6월

김지연

My beautiful one

1장

남자와 여자를 만드신
하나님의 솜씨

성경적 가치관을
최우선으로 확립한 후
반성경적인 성문화와
맞서 싸울 전문 지식을
갖추게 돕는 것이
올바른 성경적 성교육이다

하나님의 창조 질서는 의심할 것 없이 아름답다

여자는 남자의 '종'으로 창조되었습니까?

청소년 부서로부터 성경적 성교육을 해 달라는 요청을 받고, 기차를 타고 지방으로 내려갔다. 기차 안에서 오늘은 어떤 아이들을 만날까 하는 기대감으로 필자는 늘 기도한다. 강의 전 필자에게 던져진 한 여학생의 진지한 질문이 생각난다. 당시 그 학생은 너무나 심각하게 던진 질문이었지만, 지금 생각해도 엄마 미소가 지어진다.

"선생님, 저는 정말 교회에서마저 페미(페미니즘의 줄임말)가 돋아요. 왜 하나님은 여자를 '돕는 배필'로 지으셨나요? 저는 창조 때부터 '시다바리'입니까? 시다바리가 뭔지 아시죠? 저는 창세기 때문에 딱 그 기분이 듭니다. 하나님이 남녀 성별에 따라 처음부터 사람을 차별합니까? 나를 하녀로 만드신 하나님인가요?"

필자가 이 장면을 떠올릴 때마다 웃음이 나는 이유는 이 질문은 필자가 청소년 시절 목사님께 던졌던 질문과 같았기 때문이다. "저는 날 때부터 죽을 때까지 여자일 텐데 평생 남편의 종노릇하며 살라고 저런 말씀을 성경 구절에 두신 겁니까?" 대충 이런 식으로 질문했던 것 같다. 필자가 미성년자이던 그 당시와 지금의 시대 상황을 비교해 볼 때 이러한 내 질문이 어쩌면 더 저돌

적이었을지도 모른다는 생각에 또 한 번 웃게 된다. 이는 많은 여성 크리스천이 자주 해 오는 질문이기도 하다.

"여자는 월경을 해야 하고, 임신도 여자의 몫이고, 자연스레 출산 역시 여자의 고통이며 한술 더 떠서 모유 수유까지 여자가 해야 하다니…. 이건 너무 한 거 아닌가? 게다가 남성우월주의가 가득한 세상에서 남자들만 실컷 득을 보는 것 같은데 말이다."

사실 필자가 십 대를 보내며 대충 이런 생각으로 흘러가고 있었고, 이것은 내 성별에 대한 불만족으로 항상 자리 잡고 있었다. 그리고 그 "돕는 배필"이라는 표현이 이런 내 불만을 강화시켰는데, 다행인 것은 필자가 이 단어를 가지고 그냥 꽁하게 있지 않고, 하나님께 기도하는 목사님에게 질문하며 답을 얻어 냈다는 사실이다. 이 질문에 관해서는 뒤에서 다시 다루겠다.

모두가 알고 있지만 다시 한번 강조한다
"하나님은 자기 형상대로 남자와 여자를 창조하셨다"

하나님은 말씀으로 천하 만물을 지으셨다. 코끼리는 코끼리처럼, 개는 개처럼, 고양이는 고양이처럼 만드셨다. 그러나 사람은 하나님이 직접 손으로 하나님의 형상을 본떠 만드셨다. 이미 조성된 천하 만물 중 하나인 흙을 기반으로 하나님 형상대로 지으시고 생령을 직접 불어넣으심으로써 처음 만든 사람이 바로 아담

나의 어여쁜 자야

하나님은 자기 형상대로 손수 사람을 남자와 여자로 만드셨다.

이다. 하나님의 형상대로 인간을 만드신 방식, 즉 자기 형상을 구현하는 방식으로 인간을 창조하신 것이 바로 남자와 여자다.

"여호와 하나님이 땅의 흙으로 사람을 지으시고 생기를 그 코에 불어넣으시니 사람이 생령이 되니라" 창 2:7

"하나님이 자기 형상 곧 하나님의 형상대로 사람을 창조하시되 남자와 여자를 창조하시고" 창 1:27

하나님은 남자와 여자를 만드신 시기와 재료, 모두 다르게 하셨다. 즉 남자는 흙으로, 여자는 그 남자의 뼈로 만드신 것이다.

"여호와 하나님이 아담에게서 취하신 그 갈빗대로 여자를 만드시고 그를 아담에게로 이끌어 오시니" 창 2:22

남녀는 구원에서 평등하지만, 기능적 질서에서는 차이가 난다

사랑과 공의의 하나님이 우리에게 주신 남녀평등의 개념은 바로 예수님을 통한 구원의 길을 남녀 모두에게 공평하게 여기셨다는 것이다. 하나님은 구원함에 있어 남자와 여자를 달리 차별하지 않으신다. 즉 주님의 자녀가 됨에 있어서 그 어떤 차별도 없이 남자와 여자를 모두 사랑하고 품으신다. 천하 만민이 동일하게 오로지 예수님을 통해서만 구원의 길로 갈 수 있다.

> "예수께서 이르시되 내가 곧 길이요 진리요 생명이니 나로 말미암지 않고는 아버지께로 올 자가 없느니라" 요 14:6

즉 남자에게도 여자에게도 구원의 길은 동일하게 예수 그리스도이시다. 남자가 구원받는 법, 여자가 구원받는 법을 달리 두지 않으셨다.

그러나 남자와 여자의 순기능에 관해서는 여러 가지 다른 점, 즉 차이점을 두고 남녀를 구별하셨으며 그에 따라 기능적 질서를 부여해 주셨다. 우리는 우리 자녀들에게 하나님이 남녀를 어떻게 다르게 만드셨는지 잘 설명함으로써 부부간의 화평, 형제자매 간의 화평, 남녀 간의 화평을 더욱 잘 도모할 수 있으며 자신의 성별에 감사하도록 도울 수 있다.

아들과 딸의 성별에 감사하고 아름다운 남녀 창조 질서를 훈육하라

크리스천 양육자들은 자녀들의 성별 역시 하나님이 그들에게 부여하신 생래적(生來的)이고 천부적인 선물임을 기억해야 한다. 또 하나님 아버지의 마음으로 자녀들을 바라보고 양육하며 예수님의 마음으로 그들을 중보하고, 성령님처럼 그들을 감싸 안아야 한다. 우리 자녀는 하나님의 양 떼이자 군사이며 우리의 동역자다. 하나님은 우리에게 그들을 잠시 맡기셨을 뿐이다. 그러므로 우리는 자녀의 장단점과 아울러 그들의 천부적인 모든 조건을 품고, 양육자의 사명을 감당해 나가야 한다.

그러나 무조건 남자와 여자가 똑같다고 교육해서는 안 된다. 하나님은 남자와 여자를 구별하여 지으셨고, 그 차이점이 기능적으로 질서 정연하게 나타나고 있기 때문이다. 그러므로 남자와 여자의 차이점, 즉 하나님이 성별에 따라 부여하신 기능적인 질서에 관해서도 교육해야 한다.

'남녀를 차별하는 것'과 '남녀의 차이를 인정하는 것'은 전혀 다른 문제다. 양육자는 남녀의 차이점을 인정하고, 그 차이점이 얼마나 아름다우며 놀라울 정도로 상호보완적인지를 아이들에게 교육해야 한다. 이것은 자녀의 아름다운 결혼과 부부 생활에도 매우 이롭다.

하나님의 솜씨는 자녀들의 아름다운 성별에서도 분명히 드러난다. 아들은 아들다운 면모를 보이며 자라고, 딸은 딸다운 면모를 보이며 자라니 참으로 신기하다. 자녀에게 선물로 주어진 성별이 그들에게 얼마나 잘 어울리는지를 알려 주고, 남자는 남자로서 여자는 여자로서 잘 기능하고 서로 사랑하며 아름다운 가정을 이룰 수 있도록 도와야 한다. 남자와 여자는 하나님께 순종하며 나아가는 삶에 관해 성령 안에서 즐겁게 소통해야 한다.

크리스천 양육자는 아들과 딸을 성령 안에서 공평하게 사랑하라

> "보라 자식들은 여호와의 기업이요 태의 열매는 그의 상급이로다" 시 127:3

시편 기자는 자식은 양육자의 소유가 아닌 여호와의 기업이며 상급임을 선포하고 있다. 크리스천 양육자인 우리는 그들에게 사랑 많으신 하나님의 존재를 직접 느낄 수 있게 할 수 있을 만큼 가장 가까운 위치에 서 있다.

부모는 자녀를 편애하지 않아야 한다. 양육자가 세상을 사는 동안 쌓아 온 특정 성별에 대한 선입견이나 선호도로 즉 성별을 이유로 자녀를 차별하거나 편애하는 경우가 종종 발생하는데, 이는 양육자에게도, 편애받는 아이들에게도 모두 매우 해롭다. 특히 우리나라에서는 자녀의 성별로 편애, 차별하는 것이 광범위하게 퍼져 있어 드라마의 소재로 쓰일 정도다. 그러나 크리스천 양육자들은 아들과 딸의 각기 다름을 인정하고, 그들의 성별을 있는 그대로 사랑해 주며, 그들이 자기 성별에 감사할 수 있도록 도와주어야 한다.

한 사람의 성별이 태어나면서부터 정해지는 것은 하나님의 창조 질서다. 그리고 그 성별은 남자와 여자, 두 가지이며, 생물학적인 성별을 임의로 바꿀 수 있는 의술은 없다. 그런데 남아 선호 사상으로 많은 태아 살해, 즉 딸을 낙태하는 일이 일어나기도 했다. 특정 성별, 특히 아들을 선호하는 마음이 집착으로 성장하고, 죄된 욕심으로 자라면, 결국 하나님이 태중에 조성해 주신 생명을 부모가 스스로 죽이게 될 정도로 그 눈이 어두워질 수 있다는 말이다.

성별을 기준으로 아들과 딸을 차별하고 편애하거나 기회를 박탈하고 비난하는 것은 아이들에게 씻을 수 없는 상처를 남기게 된다. 이후 성별에 대한 불만, 나아가 그 성별을 주신 하나님에 대한 미움이 싹트는 원인이 된다. 즉 하나님과 자녀 사이를 이간

하나님은 남자와 여자를 구별해서 만드셨다. 그 차이점을 인정하고 기능적으로 질서 있게 나타날 때 아름다운 가정을 이룰 수 있다.

하는 방법의 하나가 바로 성별을 이유로 자녀를 편애하는 행동이 될 수 있음을 알아야 한다.

하나님이 주신 성별에 감사하지 못하고 되레 그것을 이유로 아이들을 노엽게 하거나 불공평하게 대해서는 안 된다.

> "또 아비들아 너희 자녀를 노엽게 하지 말고 오직 주의 교훈과 훈계로 양육하라" 엡 6:4

나의 어여쁜 자야

남자를 넘어 아빠로, 여자를 넘어 엄마로: 건강한 성별 정체성을 선물하자

"남자아이인데 피아노 연주나 인형 옷 갈아입히기를 좋아해요. 꼭 여자아이처럼 행동하는데, 이 아이를 어떻게 하면 좋을까요?" 혹은 "여자아이인데 외발자전거 타기를 혼자 익히고, 태권도를 좋아해요. 꼭 남자아이처럼 행동하는데, 이 아이를 어떻게 하면 좋을까요?" 하고 고민 상담을 해 오는 분들이 있다. 필자가 어떤 점이 가장 걱정되느냐고 물으면, "저러다가 나중에 트랜스젠더가 되는 건 아닌지 걱정돼요"라고 대답하거나 "나중에 정상적인 결혼을 하지 못하는 것은 아닐까요?" 하고 되묻곤 한다.

이런 자녀를 둔 크리스천 부모들의 자조적(自嘲的) 모임을 섬기는 코치의 이야기를 들을 기회가 있었는데, 성급히 판단하여 실수를 저지르는 부모가 많다고 한다.

"너는 남자인데 왜 야외 활동이나 스포츠를 즐기지 않고, 집에서 피아노나 치고 인형 옷 갈아입히기를 하니? 너 남자가 아닌 거 아냐? 고추를 잘라 버릴까 보다. 그러다간 여자들에게 인기 없는 남자가 되고 만다고. 장가도 못 갈 거야."

부모들이 아들의 행동을 바꾸어 보려고 저주에 가까운 말까지 한다는 것이다. 딸에게도 마찬가지다.

"너는 왜 집에서 얌전히 인형을 가지고 놀거나 동화책을 읽지 않고, 남자애처럼 외발자전거를 혼자 타고 그러니? 어떻게 남자애들보다 이단옆차기를 더 잘하니? 너 여자가 아닌 거 아니니? 남자처럼 머리를 확 잘라 버려야겠다. 그러다간 남자아이들에게 인기 없는 여학생이 될 거야. 나중에 결혼도 못 할 걸."

이처럼 저주에 가까운 표현으로 충격을 주어 아이를 바꾸어 보려는 부모들이 많은 것이다. 그러나 이런 교육은 아이들을 노엽게 하고, 공포심을 조장할 뿐이다. 특히 부모가 스스로 자녀의 성별 정체성을 혼란스럽게 만드는 결과를 낳게 된다. 이것은 아이들에게 매우 독이 되는 말이며 이런 표현을 반복할수록 오히려 자녀의 성별 정체성에 혼란을 더할 수 있다는 사실을 알아야 한다.

이런 경우에 그들에게 오히려 '남자를 넘어 아빠로, 여자를 넘어 엄마로' 아름다운 성별 이야기를 들려주는 것이 이롭다. 즉 그런 아이들일수록 좋은 아빠 혹은 좋은 엄마가 될 조건을 두루 갖춘 온전한 소년·소녀임을 알려주라는 것이다.

예를 들어, "철수야, 하나님은 너에게 XY염색체를 주시어 너를 완벽한 남자로 만드셨어. 너는 아빠로서 좋은 점을 가졌을 뿐만 아니라 엄마들이 잘하는 피아노 연주나 인형 옷 갈아입히기 놀이까지도 잘하니 정말 완벽한 아빠가 될 것 같아. 자상하고 섬세한 남자야말로 훌륭한 아빠가 될 수 있단다"라고 축복해 주는 것이다.

만일 야외 활동 부족으로 동성(同姓) 친구, 즉 남자 친구들을 접할 기회가 적은 것이 고민될 때는 "나가서 축구해라. 농구해라" 하고 무조건 강요하지 말고, "철수는 훌륭한 아빠가 될 테니까, 아마 아들딸들과도 축구를 잘할 거야" 하고 격려해 주는 것이다.

딸에게도 마찬가지로 "영희야, 하나님이 너에게 XX염색체를 주시어 너를 완벽한 여자로 만드셨단다. 너는 엄마로서 좋은 점을 가졌을 뿐만 아니라 아빠들이 잘하는 축구와 외발자전거 타기도 잘하니 정말로 훌륭한 엄마가 될 것 같아. 씩씩함은 정말로 훌륭한 엄마가 되기 위한 조건이란다"라고 축복한다.

만일 여자아이들이 흔히 하는 놀이 활동의 부족으로 여자 친구들을 접할 기회가 많지 않다면, 무조건 "인형을 가지고 놀아라. 피아노를 쳐라" 하고 강요하지 말고, "영희는 훌륭한 엄마가 될 테니까 아마 아들딸들과 아기자기한 놀이를 하며 놀아 줄 수 있을 거야" 하고 격려해 준다.

실제로 천안에서 만났던 이유정 집사님은 어린 아들이 매사에 본인보다 능숙하고 어른들의 인정을 받는 자신의 누나를 늘 동경하다가 결국 누나처럼 되기 위해서 자신의 생식기를 잘라내고 여자가 되겠다며 엄마의 옷을 입는 것을 보고 깜짝 놀랐다고 한다. 그래서 필자의 성경적 성교육 이수과정에서 배운 대로 아들에게 "너는 완벽한 XY염색체를 가진 자랑스러운 아들이지. 그래서 누나와는 달리 엄마의 옷이 아니라 아빠의 옷이 더 잘 어울려" 하며 엄마의 자켓을 벗기고 아빠의 자켓을 입혀 주었다고 했다. 그런 후 "우리 ○○는 아빠 옷이 잘 어울리는 완벽한 XY인 걸? 우리 자랑스러운 XY아들, 엄마랑 같이 시장 갈까?"라고 반복해서 얘기해 주었다. 그러자 아들의 표정이 환하게 밝아졌고 금세 자신감이 넘치는 아이로 변했다고 말했다. 이러한 사례 발표는 필자의 강의실에서 무수히 발생한다.

기독교 성교육에 있어서 건강한 성별 정체성이란 하나님이 주신 자신의 생래적 성별을 잘 인지하고, 그것에 감사하며, 남녀를 공평하게 대하는 것이다. 그러면서 두 성별 사이에 기능적 구별을 분명하게 두신 하나님의 사랑과 계획하심에 감사하고 신뢰하며 나아가는 것을 말한다.

남자와 여자의 차이점은 셀 수 없이 많다

성경은 하나님이 사람을 창조하시되 "흑인종, 백인종, 황인종"으로 만드셨다고 인종을 근거로 분류하거나 민족 등 여러 가지 다양한 기준으로 분류하지 않고, 왜 남자와 여자 즉 성별을 기준으로 분류하여 말씀하고 계실까? 남녀가 얼마나 다르길래 성경이 언급한 사람의 첫 특징이 "하나님의 형상", 그리고 "남자, 여자"로 나타날까?

하나님이 여자와 남자를 얼마나 다르게 만드셨는지를 들여다 보면, 남녀 사이에는 일일이 열거하기 어려울 정도로 많은 차이점이 있음을 알 수 있다. 그중에 지극히 일부만 정리해 보고자 한다.

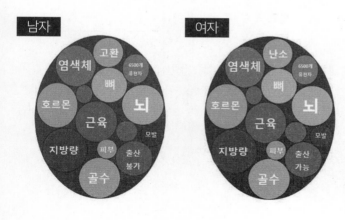

하나님이 손수 만드신 남자와 여자의 차이점은 셀 수 없을 만큼 많다.

나의 어여쁜 자야

남녀의 아름다운 염색체 이야기

하나님은 염색체를 통해 남자에게는 남자임을, 여자에게는 여자임을 나타내는 표식을 각 사람의 신체에 뚜렷이 심어 놓으셨다. 이것은 인간이 어떤 기술로도 도저히 흉내 낼 수 없는 고도의 창조 원리다. 그러므로 자녀들에게 하나님의 창조 이야기를 들려줄 때는 남녀의 염색체 이야기를 해 줄 것을 권한다.

'남자와 여자의 성염색체가 다름'을 생물학적 성별의 결정이라고 부를 정도로 남녀의 뚜렷한 차이는 바로 성염색체(性染色體, chromosome)에서 드러난다. 염색체는 쉽게 말해 세포핵 안에 있는 실과 같은 구조로 된 유전 인자를 운반하는 핵심 물질이다.

한 인간의 성별은 언제 결정될까? 놀랍게도 태아가 남자인지 여자인지는 정자와 난자가 수정되는 그 순간에 이미 결정된다.

난자는 모두 X염색체를 운반하지만, 정자는 X염색체나 Y염색

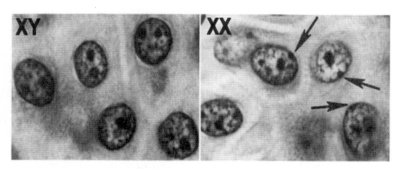

세포마다 저장되어 있는 남녀 성염색체의 모습. 바 소체(barr body)는 캐나다 과학자 머레이 바(M. Barr)가 발견한 X염색체의 비활성화 구조를 뜻한다.[1]

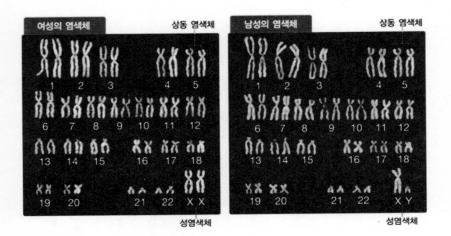

염색체는 생명체의 성을 결정하는 중요한 요소다. 사람의 염색체 수는 성별의 구분 없이 똑같이 23쌍, 46개다. 이 중 22쌍, 즉 44개가 상염색체이고, 나머지 1쌍, 2개가 성염색체다. 성염색체는 여성이 XX 의 동형염색체, 남성이 XY의 이형염색체로 구분된다.[2]

체를 운반한다. X염색체 정자와 수정된 난자는 X염색체가 두 개 인 태아, 즉 XX염색체를 가진 여자로 발달 성장한다. Y염색체 정 자와 수정된 난자는 X염색체와 Y염색체가 각각 1개씩인 태아, 즉 XY염색체를 가진 남자로 성장 발달하게 된다. 모든 태아에게는 23쌍의 염색체가 있으며 그중 22쌍은 남자와 여자가 동일하다. 그러나 23번째 염색체(여자는 XX, 남자는 XY)가 성별을 결정하는데, 이것을 부르기 쉽게 성염색체로 명명한 것이다.

X염색체와 Y염색체는 완전히 다르다. 이는 현미경으로도 관찰 된다. Y염색체에는 남성의 성적 특성 발달과 관련된 모든 정보가 들어 있다. X염색체 정자는 Y염색체 정자보다 오래 살고, 알칼리

나의 어여쁜 자야

성 환경보다는 산성 환경에서 운동성이 훨씬 더 활발하며 Y염색체 내의 특별한 유전자가 생물학적 남성성을 결정한다. 태아의 성염색체는 태아 발생 초기에 고환 또는 난소의 발생을 결정한다.

태아가 성장하는 동안에 고환 혹은 난소, 즉 남녀의 생식선에서 분비되는 호르몬에 따라 나머지 모든 성징(性徵)이 질서 정연하고도 뚜렷하게 이루어진다.

가끔 간성(intersex)과 같이 성염색체 기형이 발생하기도 하지만, 이는 성염색체 질환으로 분류되며 제3, 제4의 또 다른 성별로 분류되는 것은 아니다. [3] 사실 간성에 대해서 일반인들은 지식이나 관심이 없지만 한때 성별 전환을 옹호하고 그 부류를 다양화하고자 하는 시도 중에 간성을 또 하나의 성별로 넣으려는 시도가 있었다. 그러나 이것은 의학자들에 의해 강하게 부정되었다. 국내에도 간성에 대해 비뇨기과 전문의 이세일 원장이 잘 정리해 둔 자료[4]가 있어서 해당 전문을 소개한다.

나의 어여쁜 자야

간성은 제3의 성이 아니다

새해가 되면, "금년 1월 1일 새벽 1시 5분에 첫 남자아기(또는 여자아기)가 ○○산부인과에서 태어났습니다'라는 뉴스가 들려온다. 그런데 어떤 때는 선천성 기형의 일종으로 남자인지 여자인지 알쏭달쏭한 성기를 가진 아기들이 태어나는 수도 있다. 요도 구멍이 음경 상부나 하부에 위치한 형태로 나오는 요도상열 또는 요도하열 같은 질환도 그러한 선천성 기형의 한 예다.

육체의 성은 정자와 난자가 만나서 수정란이 될 때 결정되며 수정란에 있는 염색체와 유전자에 의해 정소, 난소, 성기관 등이 만들어진다. 따라서 육체의 성은 선천적으로 결정된다고 말할 수 있다. 즉 뚜렷하게 남성과 여성, 두 가지 성으로 구별된다.

그런데 아주 낮은 확률로 남성도 여성도 아닌 선천성 기형의 일종으로 모호한 생식기를 가진 간성(intersex)이 만들어질 수 있다. 간성이 생기는 이유로는 성염색체 이상에 의한 것과 그 이외의 원인에 의한 것으로 나눌 수 있다. 염색체는 정상 여성은 XX, 정상 남성은 XY인데, 성염색체 이상에 관련된 가장 일반적인 발달 장애로는 X 하나만 있는 터너증후군과 XXY, XXYY, XXXY 등을 가지는 클라인펠터증후군이 있다.

터너증후군은 외형은 여성이지만, 난소의 결함 때문에 2차 성징이 결여되고 가슴이 잘 발육되지 못하거나 임신을 할 정도로 여성성이 발달되지 않는다. 또한 작은 몸집을 갖고, 성인이 되어도 키가 작다. 여성 호르몬을 투여하면 유방이 발달하고, 생리가 시작하게 된다.

클라인펠터증후군은 감수 분열 과정에서 무작위로 생기는 성염색체의 비분리 현상에 의해 생기는데, 사춘기에 남성 호르몬이 잘 분비되지 않음으로 인하여 여성형 유방이 발달하며 고환과 음경의 크기가 유달리 작고 생식능력이 결여된다. 또한 지능이 낮고 정신적 장애가 있는 경우도 많이 있다. 터너증후군과 클라인펠터증후군, 두 경우는 사춘기에 그러한 특징적 증상이 나타나면서 여러 가지 어려움을 겪는다. 최근에는 호르몬 투여와 수술 등의 방법으로 증상을 많이 호전시킬 수 있다.

그러나 앞에서 설명한 간성들을 남성이나 여성이 아닌 제3의 성이나 정상적인 성의 한 종류로 볼 수는 없으며, 수천 명에 한 명꼴로, 즉 아주 낮은 확률로 나타나는 선천적인 성기 기형이라고 보아야 한다. 국내 문헌에 따르면, 클라인펠터증후군이 있는 환자 중의 일부는 사춘기에 여성의 2차 성징이 나타나므로 남성 동성애자로 행동하기도 한다고 되어 있다. 이러한 경우는 클라인펠터증후군 자체가 동성애를 일으키는 생물학적인 요인이 된 것이 아니고, 자신이 가진 외모가 또래 친구들과 다름을 깨닫고 청소년기에 느끼는 불안정한 성 정체성으로 말미암아 그러한 성적 정체성의 혼란을 느꼈을 수 있다. 즉 선천적인 생물학적 요인이 아니고 후천적인 심리적 요인에 의해서 동성애자로 행동한다고 봐야 할 것이다. 그러므로 간성은 선천적인 성 기형의 일종이며 동성애의 직접적인 형성 요인이 될 수는 없다.

간성 또는 모호한 생식기의 발생 빈도는 각각의 질환별 유병률을 따르며 이러한 선천성 기형상태가 동성애자가 되는 것과는 무관하다. 동성애는 정신과적 성적 도착 일탈 행위이며 이러한 동성애자의 선천성 외성기 기형의 발생 비율이 일반인과 비교하여도 통계상의 큰 차이는 없으리라고 생각된다.

한국터너협회 웹사이트

　성교육 교사들이 흔히 저지르는 실수 중의 하나가 남녀의 차이점을 가르칠 때, 다짜고짜 남아와 여아의 속옷 차림 또는 벗은 몸 사진을 제시하며 가장 먼저 생식기의 차이를 강조하고는 남녀차이 교육을 끝내는 것이다. 그럼으로써 남녀를 가르는 가장 근본적인 차이점인 성염색체를 간과하고 만다. 남녀 생식기의 명칭을 아는 것으로 끝나는 성교육은 생식기만 제거하면 남녀가 바뀔 수도 있다는 착각을 주기 쉽다.

　남녀의 차이점을 교육함에 있어서 외부 생식기의 모습을 과도하게 강조한 자극적인 이미지로 성적 호기심과 충동을 과도하게 불러일으키는 방식의 성교육은 바람직하지 않다. 조기 성애화

나의 어여쁜 자야

(sexualization)를 촉진하느냐 아니면 남녀를 지으신 하나님의 아름다운 창조를 깊이 있고 은혜롭게 가르치느냐는 성교육자의 영성, 전문성 및 교육 방식과 큰 관련이 있다.

남녀의 서로 다른 유전자 이야기

창조주 하나님은 성염색체뿐 아니라 6,000개가 넘는 유전자에도 남자와 여자의 다른 표식을 심어 놓으셨다. 하나님의 꼼꼼하심은 놀랍다.

이스라엘의 초대 대통령 하임 와이즈만(Chaim Weizmann)은 과학 발전을 위해 장기적인 계획을 세운 후, 1934년에 기초 과학을 연구하는 와이즈만연구소(Weizmann Institute)를 설립했다. 와이즈만연구소의 과학자들이 남녀 간의 성별에 따른 차이를 보이는 수천 개의 인간 유전자를 발견해 그 차이를 분석했다. 모란 게르쇼니(Moran Gershoni) 박사와 피에트로코프스키(Shmuel Pietrokovski) 박사는 약 2만 개의 단백질 코딩 유전자(protein-coding genes)를 남자와 여자, 성별로 분류해 세포 조직 내에서 나타나는 차이점을 분석해 낸 것이다. 그 결과, 남녀 간에 같은 유전자를 가졌더라도 남자냐 여자냐에 따라 피부 조직, 체모(body hair) 등에서 매우 다른 활동(activity)을 보이는 유전자가 약 6,500개나 존재함을 밝혀냈다.

게르쇼니 박사는 여성에게 특화된 유전자 특성이 남성에게서는 덜 나타났다고 말했다. 한 성별에 매우 활동적이며 강한 특성을 보이는 유전자가 또 다른 성별에서는 매우 소극적인 모습으로 나타나고 있다는 것이다. 피에트로코프스키 박사는 "남녀 유전자 간에 왜 이런 차이가 발생하는가에 관해 더 많은 연구가 이루어져야 한다"고 말했다.[5]

미션스쿨에서 생물을 가르치는 이윤정 교사가 이 내용에 대해 "성염색체 상의 유전자들뿐 아니라 그 외 상동 염색체 상의 많은 유전자가 남녀 성별에 따라 다르게 활성화되고 표현된다는 것이 놀랍다"고 말하면서 이 내용을 성교육에 적극 활용해야 한다고 강조했다.

나의 어여쁜 자야

남자와 여자의 유전자 차이가
질병에도 영향을 주나요?

주의력이 부족해 산만하고 과다 활동이나 충동성을 보이는 이른바 주의력결핍장애(ADHD)를 앓고 있는 소아·청소년 중 남자의 비율이 여자보다 압도적으로 높은 것으로 드러났다.

건강보험심사평가원은 2007년에서 2011년까지 5년간 20세 이하 소아·청소년을 대상으로 'ADHD(과다활동성 주의력결핍장애)'를 분석한 결과, ADHD를 앓고 있는 소아·청소년 10명 중 8명이 남자라고 발표한 것이다.[6] 이렇듯 ADHD 환자 중에서 남녀 비율의 차이가 큰 이유는 남녀의 유전자 차이와 관련이 있다고 전문가들은 보고 있다.

미국 미네소타대학의 로버트 크루거(Robert Krueger) 박사팀이 미국 국립보건원(National Institutes of Health; NIH)의 2001년, 2002년 자료를 통해 18세 이상 미국인 43,093명이 겪고 있는 정신질환 현황을 조사했다. 그 결과, 남성들은 주로 약물 남용이나 반사회적 장애를 겪는데, 여성들은 불안이나 우울증을 주로 겪는 것으로 나타났다. 연구진은 성별에 따라 다른 정신질환이 나타난 만

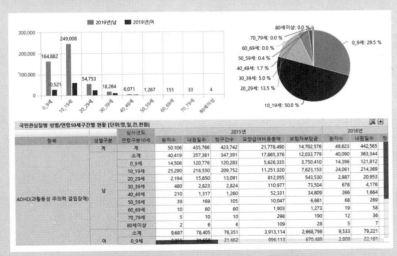

건강보험심사평가원 홈페이지에 접속하여 정보 공개> 의료 통계> 의료 통계 정보> 국민 관심 질병 통계 순으로 들어간 뒤 ADHD 항목을 조회해 보면, 10~19세 ADHD 환자 중에서 남성이 여성에 비해 압도적으로 많은 것을 볼 수 있다.[7]

큼 "남성들은 충동적인 행동 경향을 계획적인 행태로 바꾸도록 조정하고, 여성들은 불안이나 우울증에 대비하는 의학적 치료와 예방법을 개발할 필요가 있다"고 강조했다. 이번 연구 결과는 최근 미국 심리학회(American Psychological Association)의 〈이상 심리학지 (Journal of Abnormal Psychology)〉 온라인판에 게재됐으며 과학 논문 사이트 유레칼러트(www.eurekalert.org) 등이 보도했다.[8]

남녀의 아름다운 세포 이야기

하나님은 인체를 구성하는 기본 단위인 세포(cell) 수준에서도 남녀를 다르게 만드신 창조의 손길이 드러나게 하셨다. 어린 자녀들에게는 세포란 건물을 이루는 기본 재료인 벽돌 같은 것이라고 설명해 주면 쉽게 이해한다.

최근에 남녀의 중요한 생물학적 차이가 세포 수준에서도 뚜렷하게 존재한다는 연구가 나왔다. 언론은 남자와 여자의 세포 하나하나가 다르다는 것이 과학적으로 입증되었다고 대서특필했다. 성별에 따라 세포의 나노 입자 흡수율이 크게 다르다는 것이 대표적인 예다.

미국 하버드의대의 수련 기관인 브리검여성병원(Brigham and Women's Hospital in Boston; BWH)과 스탠포드대, 캐나다 맥길대, 캘리포니아 버클리대 연구팀은 남성과 여성의 세포 차이가 나노 입자를 흡수하는데 얼마나 영향을 미치는지를 파악하는 연구를 진행했다. 나노 의학에 있어서 나노 입자는 문제가 되는 조직이나 기관의 영상을 촬영하고, 약물 전달에 활용되는 핵심 매체다.

필자가 약대를 다니던 1990년대 중반에도 이미 이 나노 기술이 의학과 약학의 비약적인 발전을 받쳐 주는 발판이 될 것이라고 했다.

연구팀은 남성과 여성의 세포가 세포의 다양한 분화 능력 향상을 위한 재프로그램에 서로 다르게 반응한다는 사실을 발견했다. 미국 화학회(American Chemical Society)의 〈ACS Nano〉지에서 발표된 결과는 나노 의학 연구자들이 남녀의 차이를 감안해서 이 분야 작업을 더욱 안전하고 효과적으로 수행하는데 도움을 줄 것으로 전문가들은 전망했다.

논문의 공동 저자이자 의사인 모르테자 마무디(Morteza Mahmoudi) 박사는 남녀의 세포가 각각 다른 반응을 보인다는 중요한 사실을 간과한 채 수많은 세월 동안 나노 연구를 해 온 것이 의학계의 실수임을 인정했다. 마무디 박사는 남녀 세포의 차이는 나노 입자를 투여하는데 결정적인 영향을 미치고 있기 때문에 나노 입자를 통해 약물을 전달한다고 할 때, 세포의 흡수율이 다르면 치료 효과도 다르고, 안전성이나 임상 데이터에서도 중요한 차이가 발생한다고 덧붙였다.

과학기술진흥기금으로 운영되고 있는 비영리 공익 법인 사이언스타임즈(Science Times)지는 남녀 간에 뚜렷이 나타나는 세포 간의 차이점을 보도하며 "남녀유별"이라는 단어를 사용했다.[9]

나의 어여쁜 자아

남녀 성별에 따라 진단과 치료를 달리해야 한다는
'성차의학(gender-specific medicine)'의 발달

최근 들어 의학 등 생명과학 분야에서 남녀 간 차이점, 즉 성차(性差)가 과거보다 중시되는 경향을 보이고 있다. 성별에 따라 질병의 진단과 치료를 달리해야 한다는 주장이 최근 들어 더욱 주목을 받고 있다. 실제로 미국 국립보건원(NIH)은 생명과학 분야를 연구할 때, 연구 대상이 되는 사람이나 동물의 성별 차이를 고려해야 한다는 가이드라인을 만들기도 했다.[10]

병을 진단하거나 치료할 때, 남자와 여자의 차이점을 고려해야 하는 이유는 간단하다. 남녀의 신체적 차이는 너무나 뚜렷한데, 남녀 간의 차이점을 고려하지 않고 동일한 진단법이나 치료법을 사용했을 때, 심각한 부작용이 생길 수 있기 때문이다. 즉 남자와 여자의 차이점을 인정하는 것은 생명권 수호에 있어서 매우 중요한 과정으로 자리매김하게 된 것이다.

1997년부터 2000년까지 미국에서 치명적인 건강 문제를 일으켜 판매가 중단된 10개 약물을 분석한 연구 결과에 따르면, 그중 8개 약물이 남성보다 여성에게 더 치명적인 부작용을 일으킨 것으로 나타나 적잖은 충격을 주었다.[11] 똑같은 의약품이 부작용 면에서 여성에게 더 많이 나타났던 것이다. 미국에서 흔히 사용되는 약물 668개 중에서 무려 307개 약에서 성별 간 부작용 차이가 발생했다는 논문도 있다.[12]

필자가 약대를 다니던 1990년대 중반에는 성차의학이 그다지 눈길을 끌지 못했는데, 인문학에서 남녀의 근본적인 차이를 지우고자 애쓰는 최근 30년 동안 생명과학, 의학 분야에서는 오히려 성별에 따라 의학적·약학적 적용을 달리해야 한다는 목소리가 커지고 있으니 참으로 아이러니한 일이다.

남자와 여자의 신체적 차이조차 사회적·문화적 학습에 의한 것이며 그런 것은 애초에 과학적으로 밝혀지지 않은 것들이라고 억지 주장을 펼치는 성차 인정 거부자들이 굉장히 불편해하는 대목이 바로 성차의학이다.[13] 그러나 협심증, 뇌졸중이나 위·식도 역류 질환, 소화 불량, 편두통 등 너무나 많은 질환에서 남녀 차이가 뚜렷하게 나타나고 있다.[14]

식품의약품안전평가원의 의약품심사부 종양약품과가 2015년 12월에 발간한 〈의약품 임상시험 시 성별 고려사항 가이드라인〉

에 따르면, 남녀 성차에 따라 약물 동력학적인 차이를 보이는 의약품은 이미프라민(imipramine), 디아제팜(diazepam), 클로르디아제폭사이드(chlordiazepoxide), 페니토인(phenytoin), 카페인(caffeine), 사이클로스포린(cyclosporine), 아세트아미노펜(acetaminophen), 살리실산(salicylic acid), 모르핀(morphine), 로라제팜(lorazepam), 테마제팜(temazepam), 옥사제팜(oxazepam), 클로피브레이트(clofibrate), 카바마제핀(carbamazepine), 리팜핀(rifampin) 등 일일이 열거하기가 어려울 만큼 다양하다.[15] 특히 여성의 월경 주기별 호르몬 상태는 혈장 용적과 약물의 분포 및 배설에 영향을 준다.[16]

물론 의학에 있어서 남녀뿐 아니라 개인차를 항상 고려하여 진단하고 치료함은 당연한 일이다.

●●●

남녀의 서로 다른 장기(臟器) 이야기

"주께서 내 내장을 지으시며 나의 모태에서 나를 만드셨나이다"
시 139:13

시편 기자는 우리를 지으시되 내장도 직접 조성하신 하나님을 높이고 있다. 그런데 놀랍게도 하나님은 남자와 여자의 장기에 미묘한 차이를 만

나의 어여쁜 자야

들어 놓으셨다. 그것을 알 수 있는 통계들이 더러 발표되곤 한다.

　장기의 크기나 기능에 있어서도 일정 부분 남녀 간에 차이를 보인다. 예를 들어, 같은 체중의 남자와 여자를 비교해 보면, 통상 남자들의 간이 더 크다. 간의 크기는 간의 총 기능과도 관계가 있다. 남녀 간의 간 크기의 차이는 알코올 해독 능력 차이로 나타나기도 한다.[17] 그 결과, 같은 체중의 두 남녀를 비교해 볼 때 통상 남자가 술에 더 강한 측면이 나타난다.

　미국 심장학회(AHA)의 학술지 〈스트로크(Stroke)〉에 의미심장한 논문이 실렸다. 일본 오사카대학 공중보건학 교수 이소 히로야스(磯博康) 박사가 40~79세의 남성 34,776명과 여성 48,906명을 대상으로 14년에 걸쳐 조사한 결과, 같은 양의 술을 마셔도 그 술이 미치는 영향은 남녀 간에 상당히 차이가 나는 것으로 밝혀졌다.[18] 술을 하루 46g(표준 알코올음료 4잔) 이상 마시는 경우에 남성은 술을 전혀 마시지 않는 사람에 비해 뇌졸중으로 사망할 위험이 48%, 여성은 92%로 여성이 남성보다 더 높은 것으로 나타났다. 거의 두 배 차이가 나는 것이다. 심장병의 일종인 관상동맥 질환으로 사망할 위험에 관해서 남성은 술을 하루 46g 이상 마셔도 전혀 마시지 않는 사람에 비해 19% 낮았지만, 여성은 하루 23g(2잔) 이하를 마시는 경우에만 17% 낮아지고, 23~46g 마실 때는 오히려 45% 높아지는 것으로 나타났다.

　간에서 해독이 잘되면, 알코올이 혈관에 미치는 악영향도 줄

어든다. 술이 남녀의 건강에 미치는 영향이 심혈관계 하나만 봐도 이렇게 크게 나타나는 이유는 1차적으로 남자와 여자의 간 크기와 간의 해독 능력이 다르다는 것을 인지할 때 이해하기가 쉽다. 물론, 술 해독 능력을 비롯한 간의 크기와 기능에 개인 차이가 있기는 하지만, 이러한 실험은 보편적인 남녀의 차이점을 말해 주는 것이다.

필자가 강의하는 신학대학교 수업 시간에 남자의 간 기능이 여자보다 좋다는 부분을 언급하자 한 여학생이 "그래서 남자들이 간 큰 짓을 많이 하는 건가요?" 하고 돌발 질문을 하여 다 같이 한바탕 웃은 적이 있다. 남녀 간의 해독 능력의 차이는 간의 크기뿐 아니라 혈중 에스트로겐의 농도와도 상관관계가 있다.

나의 어여쁜 자야

남녀의 소화 불량

인간의 장기 중 상당한 비율을 차지하는 기관이 바로 소화 기관이다. 그런데 소화 기관의 효율도 남녀 간에 차이를 보인다는 데이터가 국내와 해외에 종종 소개되기도 한다. 국민건강보험공단이 건강보험 데이터를 분석한 결과, 2017년 소화 불량 환자는 남성이 246,000명, 여성이 370,000명으로 남성 환자의 1.5배였다. 인구 10만 명당 비율로 보아도 여성은 1,458명, 남성은 963명으로 남성의 1.5배였다.[19] 즉 소화 불량 증세에 있어서 여자가 남자보다 50%나 높은 발생 비율을 보이는 것이다. 어느 그룹을 대상으로 조사하느냐에 따라 남녀의 소화력에 큰 차이가 없다고 나타난 때도 있었다. 그러나 여성의 소화력이 더 크다고 나온 데이터는 거의 없고, 남성의 소화력이 더 크다는 것은 자주 보고된다.

물론, 남자라도 소화 불량으로 고생하는 사람이 있고, 여자지만 소화력이 출중한 사람도 있다. 그러나 보편적인 남녀 간 소화력의 차이를 알 수 있는 데이터에서 같은 음식을 먹고도 소화 불량을 일으키는 비율이 여성이 남성보다 50%나 높게 나타난다는 공단의 발표는 많은 것을 시사한다. 남녀의 소화력 차이는 식사 속도와 식사량에도 영향을 줄 수 있음을 유추하기란 어렵지 않다. 이렇듯 남녀 신체상의 차이점은 또 다른 연쇄적·사회적 차이점으로 연결된다.

남녀 서로 다른 생식기에 관한 이야기

하나님이 수정 당시 남자 아기와 여자 아기에게 부여하신 고유의 성염색체는 태아 발생 초기에 정소 또는 난소의 발생을 결정한다. 태아가 발육하는 동안 이러한 생식선, 즉 난소와 정소에서 분비되는 호르몬에 따라 나머지 모든 성징의 발현이 이루어지게 된다.

여성은 자궁이라고 하는 내부 생식기가 있다. 또 여성의 생식기는 2개의 나팔관 끝에 붙어 있는 한 쌍의 난소가 있는데, 난소는 자궁과 연결되어 있다. 자궁경부는 자궁의 아래쪽이며 질의 윗부분과 연결되어 있는 부분이며 질은 신체 외부로 연결된 길이 10센티 정도의 통로다. 여성에게만 존재하는 난소는 난자와 여성 호르몬인 에스트로겐(estrogen)을 생산한다. 따라서 여성만이 임신과 자녀 출산이 가능하다. 또한 여성의 내부 생식기 중 난소는 에스트로겐뿐 아니라 프로게스테론(progesterone)도 분비한다. 이러한 호르몬은 남성보다 뼈와 근육을 작고 가볍게 하는 등 여성의 여러 특징이 나타나게 만든다.

그런가 하면, 정자를 생산하는 고환(일명 정소)과 정낭과 전립선 등은 남성에게만 있다. 여성에게는 고환이 없고, 따라서 정자를 생산할 수 없다. 고환은 남성 호르몬인 테스토스테론(testosterone)을 생성한다.[20]

에스트로겐과 테스토스테론은 여성과 남성 각각의 대표적인

나의 어여쁜 자야

호르몬으로 불리고 있다.

남녀 아름다운 성호르몬에 관한 이야기

아가서는 하나님과 이스라엘의 관계, 그리스도와 교회의 관계를 부부에 빗대어 서로 어떻게 사랑해야 하는지를 보여 준다.

> "내 사랑하는 자는 내게 속하였고 나는 그에게 속하였도다 그가 백 합화 가운데에서 양 떼를 먹이는구나" 아 2:16

아가서에서 여자, 즉 신부는 남자, 즉 신랑과의 일체감을 고백한다. 신랑과 신부, 즉 남자와 여자는 신체상 큰 차이를 보이고, 그들 사이에는 기능적 질서가 있지만, 이것이 신랑과 신부를 갈라놓는 것은 아니다. 신랑과 신부는 진정한 사랑을 통해 연합과 일치를 이루는데, 놀랍게도 남성 호르몬과 여성 호르몬은 부부가 서로를 온전하게 소유하도록 돕는다.

신체적으로 남성과 여성의 차이에 결정적인 영향을 주는 것은 성호르몬이다. 고환에서는 남성 호르몬이, 난소(卵巢)에서는 여성 호르몬이 분비되는데, 성호르몬은 뇌하수체 전엽의 생식샘 자극 호르몬의 영향을 받아 생식 기관의 발육, 기능 유지, 이차 성징의 발현 등에 관여한다. 또한 호르몬 특유의 작용으로 정신적인 차이도 유발한다. 부신(副腎)이라고 하는 기관에서 남녀 모두 에스트로겐과 테스토스테론을 소량씩 생산하기도 한다. 남녀 부신의 부신피질 호르몬 분비 속도 면에서도 남자가 좀 더 빠른 분비를 보이기도 한다. 남성 호르몬과 여성 호르몬은 신체 곳곳에서 작용하며 헤모글로빈의 생성 속도, 근육의 생성 속도, 피하 지방의 양 등 무수히 많은 분야에 영향을 끼친다.

▌남성 호르몬

테스토스테론은 비교적 결단을 빨리 내리게 하고, 확신(confidence)을 빨리 가지게 하는 기능이 있다. 테스토스테론이 낮아지는 남성 갱년기에는 예민해지고 과감하게 결단을 내리지 못하며, 막연한 불안감과 우울한 기분을 느끼게 된다. 집중력과 자신감이 떨어지고, 지적 능력이 감퇴하며, 매사 의욕이 없는 등 정신적인 증상이 나타난다. 건망증이 생길 수 있고, 성격이나 행동이 여성스러워지는 경향도 흔히 나타난다.[21] 그렇다 보니 의사들은 노년기 남성이 우울감과 위축감을 호소해 오면 우울증 치료제로 남성 호르몬 제제를 처방하기도 한다.[22]

또 테스토스테론은 성욕 호르몬과 연관이 많다. 성욕 저하가 왔을 때, 테스토스테론 주사를 맞으면 성욕 저하 현상이 완화된다. 테스토스테론이 많은 남자는 여자보다 10배 이상 혈중 농도가 높게 측정되기도 한다. 사춘기 이전인 11세 이하까지 T량(테스토스테론 수치)은 남자가 7~130*ng/dl*이고, 여자는 7~44*ng/dl*로 차이가 크지 않다. 12~13세 남자는 7~800*ng/dl* 미만, 14세 남자는 7~1,200*ng/dl* 미만, 15~16세 남자는 100~1,200*ng/dl*로 T량이 급증하는 동안에도 여자는 7~75*ng/dl*를 유지하여 격차가 크게 벌어지게 된다. 17~18세 남자는 300~1,200*ng/dl*, 여자는 20~75*ng/dl*이며, 19세 이상의 남자는 240~950*ng/dl*, 여성은 8~60*ng/dl*를 유지한다. 사춘기 이후에 남성의 테스토스테론의 양은 여성보다 10배 이상이 되지만, 남성도 갱년기를 맞게 되면 점차 감소한다.[23]

이 호르몬은 활력과도 관련이 있다. 실제로 영국의 연구진은 2000년 이후 우울증과 관련된 연구 중에서 플라시보 대조군을 둔 테스토스테론 처방의 효과를 분석한 연구 27건을 메타 분석했다. 그 결과, 우울증이 있는 남자에게 테스토스테론 처방은 우울증을 크게 완화해 준다는 사실을 확인하였다.[24]

한편, 테스토스테론이 높으면, 열심과 호기심이 왕성해질 수 있다. 테스토스테론이 도파민이라는 신경 조절 물질의 분출을 촉진해 보상 네트워크를 움직이는 것과도 관련 있다. 그것이 좌뇌 전두엽을 촉진해 집중력이 높아지고 용감해진다.[25] 이러한 용감함은 이것저것 겁 없이 시도하는 호기심 충만한 사람으로 보이게도 한다.

여성에게 필요한 남성 호르몬 수치는 일반 남성의 정상치 1/10 정도다. 남성 호르몬은 머리카락을 제외한 털의 성장을 돕는다. 사춘기 때 여성의 겨드랑이, 성기 주위에 털이 나는 것은 남성 호르몬 때문이다. 따라서 성기 주변에 털이 나지 않는 무모증 환자에게는 음모가 나는 부위에 저용량의 남성 호르몬을 바르는 치료법을 쓴다. 여성에게 남성 호르몬이 부족하면 성욕, 삶의 활력, 근육량 등이 떨어지기도 한다. 즉 여성이라 해도 일정량의 남성 호르몬이 유지되는 것이 건강에 유리하다. 폐경 이후 여성은 근육량이 30~50%가량 줄어드는데, 원인이 남성 호르몬의 감소 때문이라는 연구 결과가 있다.

▍여성 호르몬

여성 호르몬의 대명사인 에스트로겐은 사춘기 무렵에 많은 양이 분비되어 여성의 이차 성징이 발현하게 한다. 난소뿐 아니라 부신, 태반에서도 분비되며 생리 주기를 조절하는 역할을 하기도 한다. 에스트로겐의 영향으로 여성은 남성보다 피하 지방이 더 많아지고, 임신 및 출산을 할 수 있게 된다.

에스트로겐 역시 기분에 큰 영향을 미칠 수 있다. 호르몬은 기분을 조절하는 뇌 수용체의 화학 물질과 상호 작용하며, 호르몬 수치가 낮아지면, 여성들은 쉽게 불안해지고 기분 저하를 겪기도 한다.[26] 그런데 여성은 거의 한 달 주기로 에스트로겐 등 여성 호르몬의 변화 주기가 역력하기 때문에 그에 따른 기분 변화와 신체 변화를 고스란히 겪게 되는 경우가 많다.

나의 어여쁜 자야

에스트로겐 등 각종 여성 호르몬 및 뇌하수체 호르몬의 변화에 따라 여성의 자궁 내막은 임신을 위해 매달 착상 준비를 하면서 두꺼워진다. 즉, 에스트로겐은 생리 주기의 전반부에 증가하여 자궁 내막을 두텁게 하고, 프로게스테론은 생리 주기의 후반부에 증가하여 두텁게 준비된 자궁 내막을 유지, 발달시켜 수정란의 착상이 잘되도록 준비하는 역할을 한다. 배란된 난자가 정자를 만나 수정되지 못하면, 그 난자는 몸 밖으로 버려지게 되는데, 이때 두꺼워진 자궁 내막 일부가 탈락되고, 혈액과 함께 몸 바깥으로 빠져나간다. 이 과정을 월경이라고 부르는데, 월경에 가장 큰 영향을 미치는 호르몬이 바로 에스트로겐이다.

여성 호르몬인 에스트로겐은 기분을 좋게 하는 호르몬이라고도 불리는 세로토닌(serotonin)과 도파민(dopamine)과도 밀접한 관계를 보인다. 에스트로겐의 농도가 올라가면 두 호르몬도 분비량을 늘리고, 에스트로겐 농도가 감소하면 같이 줄어든다. 생리 전 일주일은 배란기에 최고점을 찍었던 에스트로겐 분비량이 빠르게 떨어지는 시기다. 이때 기분도 함께 급격히 나빠진다. 특히 다행

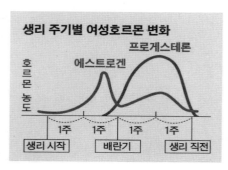

대표적인 여성 호르몬 두 가지는 에스트로겐과 프로게스테론이다. 에스트로겐은 생리 주기의 전반부에서 증가하며, 프로게스테론은 생리 주기의 후반부에 증가한다.

감이나 행복감(euphoria) 호르몬으로도 불리는 세로토닌은 스트레스와 걱정에 예민하게 반응하는데, 가뜩이나 혈중 에스트로겐의 양이 낮아진 시기에 기분 나쁜 일이 생기면, 평소보다 감정이 더 격해져서 쉽게 울거나 화를 내게 된다. 호르몬의 효과가 얼마나 강력한지는 1981년 미국에서 중범죄를 저지른 두 여성을 변호할 때, 월경 전 호르몬에 의한 감정 변화를 이유로 들어 호소해 이슈가 되었던 사건만 봐도 알 수 있다.

한국 여성 60,114명을 대상으로 대규모 조사를 실시한 결과, 초경 시기와는 관계없이 이른 폐경일수록 우울증 유병률이 높은 것으로 나타났다. 즉, 평생의 월경 기간이 짧을수록 우울증으로 고통받을 확률이 높다는 의미다. 폐경에 이르면서 여성 호르몬인 에스트로겐이 감소하고, 그로 인해 우울증이 발생하는 것으로 보인다. 이 연구는 세계기분장애학회의 공식 학회지 〈Journal of Affective Disorders〉를 통해 발표됐다.[27]

남녀의 헤모글로빈 이야기

1980년대 후반에서 1990년대 초반은 필자가 여중과 여고를 다니던 시절이다. 당시에는 많은 학교가 매주 월요일 아침마다 운동장에서 전교생 아침 조례를 실시했다. 그런데 가끔 조례 시간에 어떤 여학생은 어지럼증을 호소하거나 졸도를 하곤 했다. 그러나 필자의 오빠가 다니던 남중,

나의 어여쁜 자야

남고에서는 쉽게 볼 수 없는 현상임을 오빠와의 대화에서 알게 되었다.

청소년기의 여학생들이 남학생들보다 빈혈로 쓰러지는 일이 흔한 이유는 월경을 통해 혈액이 배출됨으로써 혈중 헤모글로빈 농도가 일시적으로 저하되기 때문이거나 남학생보다 골수에서 적혈구를 만들어 내는 속도가 느리기 때문일 수 있다. 40대 여성을 기준으로 보면, 빈혈 환자 수가 남성의 3배까지 치솟기도 한다.[28]

국민건강보험공단에서 발표한 2006~2011년 빈혈 질환의 건강보험진료비 지급 자료를 살펴보면, 6년 사이에 빈혈 환자는 2006년 376,000명에서 2011년 488,000명으로 약 30%가량 늘었다. 특히 여성이 남성보다 3배 이상 많았고, 연령대별로 보면 40대 여성이 전체 진료 인원의 21.2%를 차지해 가장 많았다. 즉 40대 여성 5명 중 1명은 빈혈 환자라는 말이다.

가임기 여성의 평균 월경량은 매달 10~80ml 정도다. 이 정도 출혈량은 빈혈을 유발하기에 미미한 수준이다. 하지만 자궁근종, 자궁내막증 등 부인과 질환으로 인해 월경량이 정상에 비해 급증하거나 식사로 섭취하는 철분의 양이 극히 적은 경우에는 철분결핍성 빈혈을 유발할 수 있다. 골수의 적혈구 생성은 남성이 여성보다 신속히 진행된다고 했다. 이런 복합적인 이유에서 보통 여성이 남성보다 빈혈 환자가 더 많다. 필자도 청소년과 청년기 대부분을 빈혈로 고생했다. 여자들에게 유병률이 압도적으로 높은 질환 중 하나가 바로 빈혈이다.

남성 호르몬인 테스토스테론은 근육과 생식 기관의 발육을 촉진하며 헤모글로빈의 생성을 촉진한다. 미국 예일대학 의대 노인 의학 전문의 토머스 질(Thomas M.Gill) 박사는 남성 호르몬 요법을 실험했는데, 노화로 테스토스테론이 부족한 65세 이상 노인 788명을 대상으로 진행한 임상 시험이다. 무작위로 두 그룹으로 나누어 젤 형태의 테스토스테론 또는 위약을 1년 동안 복용하게 하고 3개월에 한 번씩 효과를 비교 분석했다. 1년 후 테스토스테론 그룹에서 빈혈이 있는 사람들은 적혈구의 헤모글로빈 수치가 크게 높아졌다. 원인을 모르는 빈혈 환자는 54%, 철분 결핍 등 원인이 있는 빈혈 환자는 52%가 적혈구의 헤모글로빈 수치가 크게 높아졌다. 이에 비해 대조군에서 헤모글로빈이 크게 증가한 경우는 원인 불명 빈혈 환자가 15%, 원인이 있는 빈혈 환자는 12%에 그쳤다.[29]

혈액 $1mm^3$당 남자는 약 430만~590만 개, 여자는 350만~550만 개가량의 적혈구를 가지고 있다. 최저치 기준으로 남자가 22.8%가 더 많고, 최고치 기준으로 7.2% 더 많은 적혈구를 가질 수 있다. 적혈구는 산소를 운반하므로 남자가 평균적으로 운동 에너지를 더 많이 생성할 수 있는 신체를 갖기에 유리하다.[30]

남녀의 서로 다른 근육 이야기

성경에는 힘센 장수들이 더러 등장하는데, 기드온이나 삼손이나 여로보암 같이 놀라운 힘을 발휘하며 "큰 용사"로 불리던 인물들은 하나같이 남자들이다. 실제로 주변을 살펴보면, 키와 체중 등이 비슷한 두 남녀가 팔씨름을 하면 십중팔구 남자들이 이기는 것을 볼 수 있다.

일반적으로 남성은 여성보다 근육이 더 발달한다.[31] 우선 남자는 여자보다 체중 대비 근육량이 15%나 많다. 그래서 남자의 근력이 여자보다 경우에 따라 4배 이상 더 센 것이다. 예를 들어, 20kg의 쌀이 집에 배달됐다고 하자. 이때 남자와 여자가 이 쌀자루와 일으키는 역동이 다르다. 보통의 성인 남자는 현관에 배달된 쌀자루를 제자리로 옮기는 것에 대해 크게 갈등이 없다. 그런데 여자는 생각이 많아진다. 저걸 남편이 오면 옮겨 달라고 할까, 아이가 오면 같이 옮겨 볼까, 뜯어서 조금씩 덜어 가지고 옮겨 놓고 어느 정도 가벼워지면 그때 남은 것을 자루째 옮겨 볼까 등 말이다.

비단 쌀자루뿐일까? 남녀의 신체적 차이, 특히 일상사에서 가장 눈에 띄는 차이인 근력 하나만 봐도 남자와 여자가 눈앞의 상황이나 대상과 일으키는 역동은 매우 달라진다.

체력장을 기억하시나요?

    요즘엔 찾아볼 수 없는 풍경이지만, 필자가 중·고등학교에 다니던 시절에는 전교생의 기초 체력을 측정하는 체력장이 있었다. 학생들의 기초체력 향상을 위하여 교육부에서 실시하는 체력검정을 지칭하는 용어로 체력장이라고 불렀다. 당시 대학 입학 학력 점수 340점 중에서 20점이 체력장 점수였다.

    체력장 제도의 실시로 인하여 학생들의 체격 및 체력이 많이 향상되었을 뿐만 아니라 기초체력 증강을 위한 기본 운동 종목이 널리 보급되어 운동을 생활화하는데 적지 않은 공헌을 했다. 아울러 건강한 시민을 양성한다는 점에도 기여한 바가 크다고 평가할 수 있다.

    그런데 체력장을 치를 때마다 남자와 여자의 차이점이 극명하게 드러나곤 한다. 근력 테스트로 남학생은 턱걸이를, 여학생은 팔굽혀 매달리기를 실시하는데, 남자는 철봉 위로 턱이 올라갈 때까지 팔심으로 자신의 체중을 견인해야 하는 반면에 여학생은 의자를 딛고 올라가서 철봉을 상회하는 위치에 턱을 두고 팔과 다리를 구부려 매달린 상태에서 의자를 치운 채 매달려서 버텨야 한다. 각각 턱걸이 횟수와 매달리기 시간을 잰다.

    그런데 철봉에 단 1초도 매달려 있지 못하고 곧바로 떨어지는

필자가 고등학생 때 대입을 위해 치렀던 '체력장'을 보면 남자와 여자의 차이점이 극명하게 드러난다. 근력 테스트를 할 때 남학생은 턱걸이를, 여학생은 팔굽혀 매달리기를 실시했다.[32]

여학생이 반마다 한두 명씩 있었다. 필자가 다니던 여중과 여고에서도 그랬다. 우리끼리 그런 학생을 "빵초"라고 부르기도 했는데, "빵초"인 본인은 불리한 점수를 받게 될까 봐 혹은 부끄러워서 울음을 터뜨리기도 했다.

만일 여학생에게 남학생처럼 턱걸이를 하게 하거나 남학생에게 팔굽혀 매달리기를 하게 하는 등 남녀가 같은 조건에서 근력시험을 치른다면, 분명히 남학생들이 상당히 유리한 고지를 점령하게 될 것이다. 그러나 같은 기준으로 남녀의 근력을 측정하는 일은 없다. 하나님이 남자와 여자에게 다른 근력을 주셨기 때문이다. 필자는 꾸준히 연습하여 팔굽혀 매달리기를 결국 30초 이상 버틴 기억이 난다.

비슷한 체중과 건강 상태의 두 사람이라 할지라도 성별이 다르면, 손아귀 힘, 즉 악력(握力)이 상당히 다르다. 물건을 손아귀로 쥐는 힘에서 남녀가 큰 차이를 보인다는 뜻이다. 우리가 생활 속에서 얼마나 손을 많이 쓰는가를 생각해 보면, 남자와 여자의 악력 차이가 그들의 삶에 끼칠 영향과 차이점을 부정하기가 어렵다. 보통 남자의 악력은 여자의 2배다.

이러한 남녀의 악력 차이가 삶의 여러 분야에서도 직접적으로 영향을 주고 있다. 예를 들어, 소방공무원 체력 시험 점수표만 봐도 남자와 여자의 근육 차이를 확실하게 알 수 있다. 소방공무원은 위기 상황 속에서 생명과 재산을 구하는 특수한 임무를 해야 하는 만큼 필기시험과 면접 외에도 체력 시험을 치른다. 체력 시험의 경우, 악력과 배근력, 윗몸 일으키기, 제자리멀리뛰기, 왕복 오래달리기, 앉아 윗몸 앞으로 굽히기 등 총 6가지 종목으로 시험을 치르는데, 종목마다 10점 만점으로 평가하며 총 60점 만점에서 30점 이상을 받아야만 체력 시험에 합격할 수 있다. 성별, 나이, 학력, 경력 등에 상관없이 오로지 실력으로만 진행되기 때문에 소방직의 경우도 여자 소방직과 남자 소방직 모두를 채용하는 게 기본이지만, 특수한 임무를 하는 만큼 여자 소방직을 아예 뽑지 않는 곳도 있다. 왜 그럴까?

절체절명의 순간에 25kg짜리 옷과 장비를 몸에 장착하고, 사람을 구하러 불구덩이로 들어가야 하는 극한 직업이 소방관이다.

소방공무원 체력 시험 점수표를 보면, 남자들의 악력 테스트에서 최하 점수가 여자들에게는 만점 이상의 점수다.

종목	성별	평가 점수									
		1	2	3	4	5	6	7	8	9	10
악력 (kg)	남	45.3- 48.0	48.1- 50.5	50.1- 51.5	51.6- 52.8	52.9- 54.1	54.2- 55.4	55.5- 56.7	56.8- 58.0	58.1- 59.9	60.0 이상
	여	27.6- 28.9	29.0- 30.2	30.3- 31.1	31.2- 31.9	32.0- 32.0	33.0- 33.7	33.8- 34.6	34.7- 35.7	35.8- 36.9	37.0 이상

소방공무원 체력 시험 중 악력 테스트를 보면, 남자들의
최하 점수(45.3)가 여자들에게는 만점(37) 이상의 점수다.

시험 항목 중에서 배근력(背筋力, backmusclestrength) 테스트 역시 매우 중요한 의미가 있다. 허리와 등의 근군(筋群) 척주를 후굴(後屈)시키는 수축력의 강도를 말하며 배근력계(背筋力計)로 잰다. 이 근력이 약해지면 무거운 것을 들어 올리기가 어렵고 요통을 일으키기 쉬워진다. 배근력 시험에서도 남자 기준으로는 최하위점이 여자 기준으로는 "만점"에 해당한다. 남녀의 근골격계 차이가 전반적인 신체의 물리적인 힘의 차이로 드러나는 것이다. 특히 2차 성징을 다 겪은 성인 남녀에게서 성차가 더 크게 나타난다.

종목	성별	평가 점수									
		1	2	3	4	5	6	7	8	9	10
배근력 (kg)	남	147-153	154-158	159-165	166-169	170-173	174-178	179-185	186-197	195-205	206 이상
	여	85-91	92-95	96-98	99-101	102-104	105-107	108-110	111-114	115-120	121 이상

소방공무원 체력 시험 중 배근력 테스트 점수표를 보아도 남자와 여자의 근육 차이에 의한 체력 차이를 확실하게 알 수 있다.

이를 두고 여자라는 존재 자체가 열등하다고 말할 수는 없다. 다만 여자의 신체 조건으로는 해내기 힘들고 불리한 직업이 있고, 유리한 직업도 있다는 사실을 인정해야 한다. 이것은 남자 역시 마찬가지다.

힘센 사람은 자신보다 약한 사람을 해치거나 폭력을 행사하는 데 그 힘을 쓸 게 아니라 힘이 약한 사람을 돕거나 보호해 주는 일에 써야 한다. 존 파이퍼(John Piper) 목사는 "'남편들아 아내를 사랑하며 괴롭게 하지 말라(골 3:19)'는 말씀을 여러 방향으로 적용할 수 있겠으나 이 구절은 특히 수천 년간 거칠고 잔인한 특징을 보여 왔던 남편들에게 하신 말씀이다"라고 강조했다.[33]

나의 어여쁜 자야

국제올림픽위원회(IOC)
트랜스젠더 가이드라인

2015년, 국제올림픽위원회(IOC)는 트랜스젠더 선수의 올림픽 출전을 허용하는 가이드라인(Transgender Guideline)을 개정했다.[34] 선수의 타고난 성별이 아닌 스스로 느끼고 원하는 성별, 이른바 성별 정체성을 근거로 남자 선수냐 여자 선수냐를 정하게 된 것이다.

예를 들어서, 자신의 성별을 여성이라고 주장하는 남자 선수에 대해서 남성 호르몬, 즉 테스토스테론의 혈중 수치에 제한을 두고 있을 뿐(남성 호르몬이 일반 여성에 비해 심하게 높으면, 이는 경기의 승패에 결정적인 영향을 주므로), 성전환 수술을 출전 자격 요건으로 해서는 안 된다. 즉 성전환 수술을 하지 않은 채 음경과 고환을 그대로 다 가지고 있는 남자 선수가 올림픽 여자 경기에서 여자들과 겨룰 수 있다는 것이다.

그러나 이러한 IOC의 트랜스젠더 가이드라인은 성별 결정 기준에 대한 각국의 국내법과 충돌하기 때문에 출전 자격과 경기 결과 등에 관한 여러 가지 국제 스포츠 분쟁을 야기할 것으로 예상된다. 이를 악용하여 남자 대회에서는 좋은 성적을 못 내던 선수가 좋은 성적을 얻기 위해 임의로 성별을 바꾸어 여자 대회에 출전하는 일이 일어날 가능성이 있다고 보는 것이다.

남녀를 구별하지 않고 스포츠 경기를 하게 한다면?

미국 코네티컷주 학생 대항 체육대회(CIAC)에서 고등학생 트
랜스젠더 선수가 우승했다. 그는 생물학적으로는 남자이지만, 타
고난 성별보다 본인이 주장하는 성 정체성을 중시하는 환경에서
살았다. 그가 메달을 싹쓸이한 경기는 여자 100m와 200m 경기였
다. 그와 다른 여자 선수들이 출발선에 섰을 때, 이미 많은 사람
이 경기의 결과를 예측했다고 한다.[35]

이 대회는 소위 '트랜스젠더 차별 금지'가 어떤 결과로 나타나
는지를 보여 준다. 누구도 이런 경기를 공정하다고 말할 수는 없
을 것이다. 남자와 여자는 성염색체가 다르고, 그에 따라 생물학
적 차이를 갖고 있다. 남자는 여자보다 근육량이 많고, 골격계가
강하며 테스토스테론의 작용으로 집중력과 공격성이 높다.

그렇다 보니 남자와 여자가 같은 자격으로 달리기를 하거나
높이뛰기를 하는 것은 공정하지 않다. 코네티컷주 여자 육상 경
기에서 두 명의 트랜스젠더 선수가 우승을 휩쓴 뒤에 부당함을
알리는 탄원서가 돌기도 했다. 무엇보다 공정한 경기를 바라며

연습했던 많은 여자 선수, 특히 유력 우승 후보였던 셀리나 소울 (Selina Soule)이 박탈감을 크게 느꼈다고 한다. 결국, 두 명의 트랜스젠더 선수 때문에 다른 여자 선수들은 1등과 2등을 포기한 채 3등을 차지하기 위해 치열하게 경쟁해야 하는 어이없는 상황이 연출되었다.

유력 우승 후보였던 셀리나 선수는 목이 잠긴 상태로 "생물학적으로 여성 선수들이 트랜스젠더 선수를 이긴다는 것은 상상할 수 없다"며 불공정한 경기가 과연 스포츠인지 의문을 제기했다.

더 큰 문제는 이와 유사한 사건이 다른 종목에서도 충분히 일어날 수 있다는 것이다. 미국 듀크대 법대 교수는 타고난 성별보다 소위 '성소수자[36]들'이 주장하는 성 정체성을 기준으로 남자를 여자 선수권 대회에 참여할 수 있게 한다면, 여자 스포츠 경기는 더 이상 존재할 수 없다며 강력하게 비난했다. 텍사스 공화당 의원인 루이 고멀트(Louie Gohmert) 역시 "남자와 여자가 혼성으로 모든 경기에서 경쟁하는 사태를 막을 방법이 없어질 수 있다"고

미국 코네티컷주 학교 대항 체육대회 (CIAC) 측이 "운동선수는 자신이 주장하는 젠더로 다른 선수들과 경쟁할 수 있다"고 발표하자 유력한 우승 후보였던 셀리나가 이러한 경기는 공정하지 않다며 인터뷰에 응하고 있다.[37]

경고했다.

이런 황당한 상황을 고착화하는 평등법은 선수들에게 큰 영향을 미칠 뿐만 아니라 스포츠 정신 자체를 바꿀 수 있다. 즉 남자가 여자 대회에 나가서 우승을 거두는 것을 막을 방법이 없다면, 결과적으로 여자는 상당 부분의 스포츠를 포기해야 할지도 모른다고 셀리나 선수의 어머니는 하소연했다.

결국 셀리나는 뉴잉글랜드 챔피언십 출전권을 얻지 못하고, 관중석에 앉아 대회를 구경해야만 했다. 그는 여성 선수의 자리를 빼앗은 남자들이 휘젓고 다니는 경기는 불공평하다고 말했다.

"남자 선수들을 이기지 못하는 불공평한 경기임을 알고도 경기를 시작해야 한다는 게 너무나 절망적입니다. 육상은 제 삶의 전부입니다. 매일 학업을 마치고 트랙에서 달렸습니다. 남자 경기에 출전했을 때는 별 볼 일 없는 성적을 거뒀던 그가 여자로서 정체성을 느낀다며 여자 대회에 와서는 모든 출전자를 제치고 있습니다."

트랜스젠더리즘을 옹호하는 분위기가 팽만한 코네티컷주에서는 대놓고 이런 일들을 반대하지 못한다고 한다. 주변의 보복이 두렵기 때문이다. 이른바 성소수자를 이해하지 못하는 '꼰대'로 취급을 받는 것이 두려워 경기의 부당함을 알리지도 못하고, 운동을 그만두는 이도 있다.

특히 신체적인 접촉이 있는 종목의 경우, 심각한 안전 문제가 발생할 수 있다. 미국에서는 UFC(세계 3대 이종격투기 대회) 여자 밴

이종격투기 트랜스젠더 선수인 팰런 팍스의 가격으로 상대 여자 선수는 두개골에 부분 골절상을 입었다.[38]

텀급 챔피언인 론다 로우지(Ronda Rousey)가 트랜스젠더 선수인 팰런 팍스(Fallon Fox)와 경기하지 않겠다고 선언하는 상황이 펼쳐지기도 했다. 팰런 팍스는 생물학적으로 남자이나 성전환 수술을 받고 난 뒤에 여자 대회에서 압도적인 경기력을 보였다. 그는 다른 여자 선수에게 안와골절상을 입힐 만큼 강력한 펀치와 무릎 차기로 공포감을 조성한 바 있다.

이에 대해 론다 로우지 선수는 인터뷰에서 "남성이 사춘기를 거치면 결코 돌이킬 수 없는 것이 있다. 남자의 뼈 구조 같은 것이 그것"이라며 "팰런 팍스가 불공정한 혜택을 누리고 있다고 생각한다"면서 그와는 겨루지 않겠다고 했다.

실제로 생물학적으로 남성인 그가 여자 선수들을 수초 만에 안면 무릎 차기로 무자비하게 쓰러뜨리는 장면은 섬뜩했다.[39] 남자와 여자가 링 위에서 격투기를 하는데도 그것을 공정하다고 생각해야 할까? 동성애자와 트랜스젠더들을 위한 평등법이 통과된

도시의 현실이 그렇다. 공정하지 않은 스포츠를 멍하니 바라보고 있어야 하는 일반인은 내면 깊은 곳에서 올라오는 저항감을 억눌러야 하는 상황을 겪고 있다.

2017년 뉴질랜드에서는 역도 부분 국가대표 선수로 트랜스젠더를 선발하기도 했다. 생물학적으로 남자인 그가 여자들과 경쟁하면, 그 결과는 뻔하다. 남자 대회에서 두각을 나타내지 못했던 자들이 여자들과 경쟁하려 드는 것 아니냐며 사람들이 뒤에서 수군거리기는 했지만, 성 정체성을 우선시하는 포괄적 차별금지법의 영향으로 대놓고 저항하기는 어려운 형편이다.

타고난 성별의 뚜렷한 차이점을 무시하고, 본인이 느끼는 성 정체성이 차별받지 않고 존중되도록 제정된 포괄적 차별금지법으로 역차별의 장치를 마련해 놓은 나라나 도시는 이렇게 변해 가고 있음을 차세대에 알려 주어야 한다. 또 이것을 타산지석으로 삼아야 한다고 가르쳐야 한다.

●●●●●●●●●●●●●●●●●●●●●●●●●●●●●●●●●●●●●●●

남녀의 아름다운 뼈 이야기

창조주 하나님은 우리 몸의 206개 뼈에서까지 남자와 여자를 다르게 창조해 놓으셨다. 같은 신장, 체중의 두 남녀를 비교해 볼 때, 여성의 뼈는

나의 어여쁜 자야

남성의 뼈에 비해 보통 작고 가벼우며 밀도가 낮다. 팔만 보더라도 차이가 난다. 보통 여성의 팔은 남성보다 짧고, 전완(팔뚝)은 원통 모양이다. 상완과 전완 사이에 있는 팔꿈치 관절의 형태가 좀 더 뚜렷하다.

여성에서 남성으로 성전환하려는 15명의 여성들에게 테스토스테론을 주입하면서 2년간 관찰한 결과, 대퇴경부(엉치뼈)의 골밀도 지수가 7.8% 정도 의미 있게 증가했으며, 척추뼈에서는 3.1% 정도 별 의미 없이 증가했다. 테스토스테론 수준은 평균 남성 수준에 도달했고, 에스트라디올(estradiol. 여성 호르몬의 일종. 에스트로겐 중에서 대표적 호르몬)은 폐경기 수준으로 낮아졌다.[40]

미국 예일대학 의대 노인의학 전문의 토머스 질 박사가 노화로 테스토스테론이 부족한 65세 이상 노인 788명을 무작위로 두 그룹으로 나누어 젤 형태의 테스토스테론 또는 위약을 1년 동안 처방하고 3개월에 한 번씩 효과를 비교하는 실험에서 골밀도를 측정해 보았다. 1년 후 테스토스테론 그룹은 골밀도가 상당히 증가하고 골 강도도 높아졌다. 이 논문은 국내 언론에도 소개되어 남녀의 뼈 차이를 인식하는 중요한 자료로 활용되었다.[41] 남성들은 여성보다 테스토스테론 혈중 농도가 10배 가까이 높게 관찰되는 경우가 허다하다. 이것 하나만 보더라도 남녀의 뼈는 다를 수밖에 없는 것이다.

남자의 골반으로 출산을? Oh, No!

인체에서 남녀가 가장 다른 부위 중 하나가 바로 골반뼈다. 여성의 골반은 남성과 달리 아기가 자라는 자궁과 산도(출산길)를 포함하고 있다. 그래서 여성의 골반은 남성보다 훨씬 넓고 벌어져 있다. 골반뼈를 비교해 보면, 둘의 차이를 확실히 알 수 있는데 엉치뼈와 두 개의 볼기뼈로 이뤄진 고리 모양의 입구(골반연)를 보면, 여성은 넓은 타원형이고, 남성은 그보다 좁은 하트 모양이다.[42]

그렇다 보니 남자의 골반으로 애를 낳다가는 사고가 날 가능성이 높다고 전문가들은 말한다. 남자의 골반은 달리기나 점프에 유리하게 만들어졌다. 하나님은 여자의 골반뼈를 출산에 적합하게 만들어 주셨다.

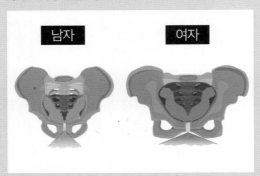

남녀 차이가 확연히 나타나는 신체 부위 중 하나가 바로 골반뼈다. 남성의 골반뼈는 좁은 하트 모양이고, 여성의 골반뼈는 그보다 넓은 타원형이다.

벼락을 맞는 사람의 대부분은 "남자"

우리나라 교육부가 공식 블로그를 통해 여자에 비해 남자들이 벼락에 맞는 경우가 압도적으로 높다는 해외 기사를 인용했다. 1995년부터 2008년 사이에 미국에서 낙뢰로 죽은 사람은 총 648명이었는데, 그중 무려 82%가 다 남자였다는 것이다. 남성의 신체가 전도성이 강한 것일까?

~2016년 교육부 이야기/신기한 과학세계

남녀 중 누가 벼락에 맞을 확률이 높을까?

— 대한민국 교육부

2009. 10. 28. 09:12 　　　　　3 　34

지금까지의 통계를 보면 답을 알 수 있다. 지난 1995년부터 2008년 사이에 미국에서 낙뢰로 죽은 사람은 총 648명이었는데, 그 중 무려 82%가 남성이었다.

벼락이 남성을 유달리 좋아하는 것일까. 아니면 남성호르몬인 테스토스테론이 유달리 전도성이 강한 것일까.

진실은 다소 어이없다. 벼락을 맞아 사망한 남성의 비율이 절대적 우위를 점하는 것은 그저 바보(?) 같은 남자들이 많아서다.

대한민국 교육부에서 운영하고 있는 공식 블로그에 실린 글이다. 남자가 여자에 비해 벼락을 맞아 사망할 확률이 높다는 내용이다.[43]

미국 기상청(National Weather Service)의 낙뢰 안전 전문가인 존 젠시니어스(John Jensenius)는 "남자든 여자든 성별이 중요한 게 아니라 벼락이 치는 날에는 실내에 머무르느냐가 중요하다"고 말한다.[44] 그러나 "남성들은 날씨가 조금 좋지 않다고 해서 하고 싶은 일을 포기하지 않는다"며 "벼락이 치는 위험한 날씨에도 여성들과 달리 주저하지 않고 밖으로 나간다"고 설명했다.[45]

낙뢰 사망자의 약 50%가 야외에서 여가 생활을 즐기거나 스포츠를 하다가 사고를 당했다는 사실을 감안하면, 남성이 여성보다 벼락의 위험에 얼마나 많이 노출되는지를 잘 알 수 있다고 파퓰러사이언스지가 보도했다.

교통 사고사[46], 익사[47]의 경우도 남아의 경우가 월등히 높다.

	2002년		2003년		2004년		2005년		2006년		2007년		전체	
	남아	여아	남아	여아	남아	여아	남아	여아	남아	여아	남아	여아	남아	여아
운수사고	149	96	116	78	81	65	79	50	57	38	36	36	518	363
물에 빠짐	35	17	24	16	20	10	15	8	5	8	17	3	116	62

사망의 외부 원인 종류별 유아 사망을 보면, 운수 사고와 물에 빠짐에서 대체로 남아가 여아에 비해 높은 분포를 보인다.[48]

나의 어여쁜 자야

남성 운전자들은 보험료를 더 내라고?

전 세계 트랜스젠더 인권 단체는 성전환 수술을 하지 않아도 성별 정정을 허용해 주는 입법을 꾸준히 요구하며 추진하고 있다. 즉 스스로 여성이라고 주장하는 남자가 자신의 생식기를 유지한 채 여자로 성별 정정을 할 수 있도록 허용하라는 것이다. 물론 여성이 남성으로 성별을 정정하는 조건 역시 완화해 줄 것을 요구하고 있다.

그러나 그러한 주장대로 성별 정정을 용이하게 바꾼 캐나다에서 이를 악용한 보험 사기 범죄가 2018년 여름에 일어났다. 국내 언론에 소개된 사건의 개요는 이렇다. "자동차 보험료가 높은 것에 불만을 품은 20대 남성이 더 저렴한 보험료를 내기 위해 법적으로 성별을 전환하는데 성공했다"는 것이다.[49] 앨버타주에 사는 당시 24세 남성 데이비드(가명)가 소셜 뉴스 웹사이트에 자신의 보험 전략을 자랑하듯 자세히 소개함으로써 사건이 알려졌다.

통계적으로 남성이 자동차 사고를 낼 가능성이 더 높다는 통계에 근거하여 캐나다와 미국 등 여러 나라에서는 남성 운전자가 여성 운전자보다 더 많은 보험료를 지불해야 한다. 캐나다 엘버타 주에서 2018년 초 새 차를 구입한 남성 데이비드는 이 보험 제도에 대해 강한 불만을 품었다.

데이비드는 법적으로 성별을 여자로 정정하여 보험료를 적게 내는 방법을 연구했다. 물론 그는 보험료 부담을 더는 것이 목적이며 성전환 자체가 목적이 아니었기 때문에 성전환 수술은 전혀 원치 않았다. 그는 담당 의사에게 성별을 바꾸고 싶다고 말하고 그는 자신이 정신적으로는 여성임을 증명하는 의사 소견서를 받아냈다. 이런 식으로 성별 정정에 필요한 관련 '서류'를 구비하여 이를 정부에 제출했고, 전자 메일로 성별이 여성으로 정정된 출생증명서와 운전면허증을 새로 발급받았다. 심리적 변화에 기반한 성별 정정으로 보험료를 저렴하게 낼 수 있게 된 것이다.

성전환 수술 없이 성별 정정을 허용해 주는 것은 결국 성별 결정 기준이 더 이상 생물학적 요소가 아니며 지극히 주관적이고 일시적일 수 있는 개인의 심리임을 뜻한다. 즉 성별 결정의 기준이 심리적 근거, 즉 성 정체성으로 변경되었다는 것이며, 이에 따라 성별은 오로지 자기 생각에 의해서만 결정된다는 것이다. 실제로 데이비드는 본인이 경험한 성별 정정 과정에 대해 이렇게 평가했다. "너무 간단했어요(It was pretty simple)."

캐나다의 한 학부모는 "이런 일이 벌어질 때, 아이들은 분열과 혼동을 느낍니다. 성별을 바꾸는 자유가 아니라 무질서 속의 방황이죠. 그러다가 그것에 익숙해지면, 마침내 반기독교적인 정서를 심령 속에 담게 됩니다. 물질의 이득을 위해 성별도 갈아 치울 수 있는 세상에서 아이들은 큰 혼란을 겪고 있습니다"라며 탄식했다.

이 사건은 100% 남성임에도 불구하고, 법적인 성별을 여성으로 아주 쉽게 바꿀 수 있는 나라에서 벌어질 수 있는 상황의 한 단면을 보여 준다. 평생을 군인으로서 나라를 섬기셨던 장로님이 "이러한 제도가 우리나라에 도입된다면, 다음세대 교육에 너무나 악영향을 끼칠 것이다. 보험 사기뿐 아니라 병역을 기피하기 위한 수단으로도 악용될 것이 아니겠느냐"며 우려를 표했다.

간단한 법적 성별 정정 과정을 거쳐 원하던 대로 낮은 보험료를 내게 된 데이비드는 성별 정정 후 이렇게 말했다. "너무 쉬웠다. 마치 내가 체제를 부숴 버린 것 같은 느낌이었고 승리한 기분이었다. 난 생물학적으로 100% 남자이지만, 법적으로는 여자다. 자동차 보험료를 더 저렴하게 내려고 그렇게 성별 정정을 했다."[50]

남녀의 아름다운 뇌 이야기

하나님은 육신을 입은 우리 인간에게 두뇌를 주셨다. 우리 몸에서 가장 높은 곳에 있는 머릿속에 가장 단단한 두개골을 만드시고, 그 안에 뇌를 조성해 놓으셨다.

영성 지도에서 만나게 되는 다양한 정신의학적 문제들에 대한 실제적인 논의를 제시한 의학자 제랄드 메이(Gerald May)는 "뇌는 아마도 인간의 영

적 경험에 대한 육체적인 매개체일 것이다"라고 언급하기도 했다.[51]

뇌는 셀 수 없이 다양하게 연결된 수십억 개의 신경 세포들로 구성되어 있다. 외곽을 둘러싼 세포층인 피질은 사고, 감각, 지각, 기억의 저장고이며 몸의 의도적인 운동을 관장한다. 뇌의 안쪽에는 감정, 육체적 욕구, 체온, 대사율, 각성 수준을 관장하는 다른 세포 체계들이 자리 잡도록 만들어 놓으셨다. 이 모든 영역은 촉진, 금지, 피드백 작용의 놀랍도록 복합적인 조합을 통해 상호 연결되어 영향을 주고받는다.

뇌는 선천적으로 결정되는 부분이 크지만, 후천적 자극과 훈련에 의해 어느 정도 변화할 가능성이 있다. 이를 뇌가소성(腦可塑性, neuroplasticity)이라고 부른다.

최근 많은 뇌 과학자가 두뇌 기능에 있어서 남녀 차이가 크다는 사실이 관찰되었다고 발표하고 있다.

▌질병관리본부, "대표적인 뇌 질환인 치매 예방을 위해 남녀별 다른 관리를 하라"

우리나라 질병관리본부는 뇌 질환 예방을 위해 남자와 여자의 이른바 뇌 관리가 다르게 이루어져야 한다고 발표했다. 대뇌피질 두께 감소, 즉 대뇌피질 위축은 치매 환자뿐 아니라 정상인에서도 인지 기능 저하를 예측할 수 있는 잠재적 인자로 알려져 있고,

대뇌피질 두께가 지나치게 얇아지면 알츠하이머 치매 위험이 높아진다는 연구 결과가 널리 알려져 있다.

질병관리본부는 치매 임상 연구 인프라 구축 학술 연구 용역 사업을 통해 인지 기능 저하에 영향을 주는 심혈관계 위험 인자(cardiometabolic risk factor)가 남자와 여자에게서 다르게 발견되었다는 결과를 공식 홈페이지와 보도자료를 통해 발표했다.

65세 이상의 1,322명(남자 774명, 여자 548명) 노인을 대상으로 MRI 영상의 대뇌피질 두께를 측정, 심장 대사 위험 요인과 대뇌피질 두께와의 연관성을 분석하여 발표한 자료가 공개된 것이다. 이 자료에 따르면 고혈압, 당뇨병, 비만 등이 있는 여성이 같은 조건의 남성보다 대뇌피질 두께가 감소되기 쉽고, 남성은 오히려 저체중인 경우에 대뇌피질 두께 감소가 많이 나타난다고 밝혔다.

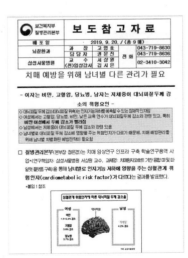

2019년 9월, 질병관리본부가 대표적인 뇌 질환인 치매의 예방법이 남녀별로 다르다고 발표했다.[52] 이것은 남녀 차별이 아니다.

여성은 고혈압이나 당뇨병이 있는 경우가 없는 경우에 비해 상대적으로 대뇌피질 두께가 얇았고, 특히 비만(BMI≥27.5 kg/m²) 여성에서는 나이에 따른 대뇌피질 두께 감소 속도가 빨라지는 것을 발견했다. 이와 반대로, 남성의 경우 저체중이 대뇌피질 두께 감소와 연관성이 높은 것으로 밝혀졌다. 연구를 주도한 서상원 교수는 "이번 연구 결과는 심혈관계 위험 인자가 있는 여성이 같은 조건의 남성보다 대뇌피질 두께가 더 얇아질 수 있고, 이는 인지 기능 저하와 연관되므로, 위험 인자를 조절하는 것이 치매 예방에 중요함을 시사한다"고 말했다.

이렇듯 남자의 대뇌와 여자의 대뇌는 각각 피질 두께 감소에 영향을 받는 인자가 확연히 다름이 국가 용역 사업에서 밝혀짐에 따라 질병관리본부는 결국 "여자는 비만, 고혈압, 당뇨병, 남자는 저체중이 대뇌피질 두께 감소의 위험 요인이므로 치매 예방 관리

"남녀별로 인지기능 저하에 영향을 주는 심혈관계 위험인자 (cardiometabolic risk factor)가 다르다"

질병관리본부 치매 임상연구 인프라 구축 학술연구용역 사업(연구책임자: 삼성서울병원 서상원 교수, 과제명: 치매환자 코호트 기반 융합 DB 및 파일럿 플랫폼 구축)

성별	위험인자	나이 (세)	대뇌피질 두께 감소(%)
여성	낮은 교육 연수	전 연령	-1.5
	고혈압		-0.8
	당뇨병		-0.7
	비만	75	-1.9
		80	-4.1
		85	-6.3
남성	저체중	전 연령	-4.2

남녀 간 치매 위험 인자가 다르다는 연구 결과에 따라 질병관리본부가 여성은 비만, 고혈압, 당뇨 관리에 신경 써야 하고, 남성은 저체중 관리를 해야 치매 예방에 효과가 있다고 주장한다.[53]

를 위해 남녀별로 차별화된 예방 전략이 필요하다"고 결론짓고 있다. 질병관리본부의 이러한 발표는 남녀를 차별하려는 것이 아니다. 특정 분야에서 드러나는 남녀의 객관적인 차이점을 말하는 것이다.

이번 연구 결과는 "남녀별 심혈관계 위험 인자(cardiometabolic risk factor)와 대뇌피질 두께와의 연관성"이라는 제목으로 국제학술지인 〈신경학(Neurology)〉에 게재되어 국제적인 관심을 끌기도 했다.[54]

■ 성호르몬은 뇌 구조에 영향을 끼친다

성호르몬은 이차 성징뿐 아니라 뇌 구조에도 영향을 끼치는 것으로 밝혀졌다. 미국 필라델피아대학교 의대 라지니 버마(Ragini Verma) 교수가 이끈 연구팀은 8~22세 남성 428명, 여성 521명의 뇌 연결망 구조를 비교해 보니 남녀 간에 뚜렷한 차이가 발견되었다고 발표했다.[55]

여성의 뇌는 대뇌 좌반구와 우반구를 오가는 연결망 구조가 발달한 것으로 나타난 반면에 남성의 뇌에서는 각 대뇌 반구의 내부 연결이 상대적으로 더 활발한 것으로 관찰되었다. 그런데 운동 제어에 중요한 역할을 하는 소뇌에서는 반대로 남자 쪽이 좌우 반구를 오가는 연결 구조가 발달했고, 여자 쪽은 소뇌 각 반구의 내부 연결이 더 발달한 것으로 나타났다.

이러한 뇌 연결망 구조의 차이는 남녀 간 사고방식과 행동의 차이로 나타난다.[56] 연구팀은 남자 뇌의 구조는 감각인지(perception)와 통합 행동(coordinated action)에 적합하고, 여자 뇌는 기억이나 직관이나 사회성 등에 더 어울린다고 해석했다.[57]

남자

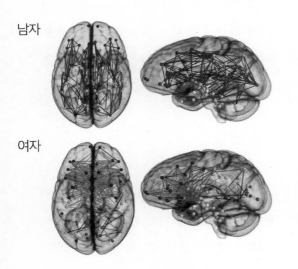

여자

대뇌 연결 구조에서 남녀 간의 차이를 확인할 수 있다. 남자 대뇌(위)에서는 앞뒤 쪽의 연결과 뇌 반구 내부의 연결이 두드러졌으며, 여자 대뇌(아래)에서는 좌우 뇌 반구 간의 연결이 두드러졌다.[58]

다음은 해당 논문의 일부다.

"남자 뇌에선 대뇌 반구 내부의 연결 구조가 발달하고, 소뇌 좌우 반구 간의 연결 구조가 발달해 있는데, 이 둘이 결합한 구조는 통합 행동에 효율적인 시스템으로 여겨질 수 있다. 대뇌 좌우 반구 간의 연결이 발달한 여자 뇌의 구조는 좌반구에

나의 어여쁜 자야

서 일어나는 분석적이며 순차적(sequential) 추론 방식, 그리고 우반구에서 일어나는 공간적, 직관적 정보 처리의 통합을 촉진한다. 이번 뇌 영상 분석과 더불어 행한 다른 행동 연구에서는 여자가 집중력, 단어, 기억, 사회적 인지 시험에서 남자보다 나은 수행력을 보여 주었으며 남자는 공간 처리와 운동, 감각운동 속도에서 더 나은 수행력을 보여 주었다. 이런 차이는 주로 청소년 중간시기(12~14세)에 관찰되는데, 이때 남자는 운동 과제를 눈에 띄게 더 빨리 수행하며 공간 기억 과제를 훨씬 더 정확하게 수행했다. 다른 행동 연구들에서도 이와 비슷한 성차를 보여 주고 있다."

이번 연구에서는 뇌 연결 구조의 남녀 차이가 13세 이하에서는 잘 나타나지 않다가 14~17세 청소년기에 점점 더 두드러지게 나타났다. 그럼으로써 남녀 뇌 차이가 발달 과정에서 더 뚜렷이 생긴다는 것을 확인해 주었다. 연구팀은 "남녀의 뇌는 놀라울 정도로 상호보완적"이라면서 "뇌 연결 지도는 남녀의 사고방식이 얼마나 다른지를 보여 주며 또한 성차와 관련한 신경 질환을 이해하는데에도 도움을 줄 수 있다"고 말했다.

이에 앞서 뇌에서 발현되는 유전자에도 남녀 차이가 있다는 연구 결과가 발표된 바 있다. 영국 런던 유니버시티칼리지(UCL) 연구자 등이 참여한 연구팀은 사망한 100명의 뇌와 척수에서 얻은 시료를 분석해 뇌의 주요 영역 12곳에서 발현되는 유전자들을 분석해 그 결과를 과학전문지 〈네이처 커뮤니케이션(Nature commmunications)〉에 발표했다. 연구팀은 남녀 뇌에서 유전자가 발현되는 방식이 서로 다르며 이런 차이는 유전자의 2.5%에 달할 것이라고 전했다. 예컨대 자폐증과 관련한 한 유전자(NRXN3)는 발현 과정에서 두 가지 형태로 전사되는데, 하나는 남녀에게서 비슷하게 발현되지만 다른 하나는 여자 뇌에서 낮은 빈도로 발현되는 것으로 나타났다고 한다. 이런 결과는 남녀 뇌에서의 유전자 발현과 조절이 달라 특정 뇌 질환에 대한 취약성이 다르게 나타날 수 있음을 보여 준다고 연구팀은 전했다.[59]

▋ 여자는 집중, 언어, 얼굴 기억, 추론 속도 면에서, 남자는 공간 처리와 감각 운동, 운동 속도 면에서 더 나은 수행력을 보였다

2012년의 한 연구 논문 "8~21세 아동의 전산화 신경인지 검사에서 연령별 성별 과제 수행의 차이점(Age group and sex differences in performance on a computerized neurocognitive battery in children age 8~21)"은 "(과제의 수행 시험에서) 성별 차이는 (연령별 차이에 비해) 훨씬 작긴 하지만 분명하게 나타나는데, 여자는 집중, 언어, 얼굴 기억, 추론 속도 면에서 남자보다 나은 수행력을 보였으며, 남자는 공간 처리와 감각 운동, 운동 속도 면에서 여자보다 나은 수행력을 보였다"고 보고했다.[60]

랜스델(Lansdell), 기무라(Kimura) 등 학자들은 왼쪽 뇌를 손상당한 환자 중에 실어증 증상을 보이는 사람은 여자에 비해 남자가 더 많다는 점에 주목하였다. 또한 그 증세도 남자가 여자에 비해 더 심한 경향을 보였다. 왼쪽 측두엽이 손상된 환자를 대상으로 속담 풀이 능력을 테스트해 보면, 남자에게서 더 큰 지장을 발견한다는 보고도 있었다. 이런 사실은 남자는 언어 기능의 거의 전부가 왼쪽 뇌에 모여 있는데 비해 여자는 언어 기능이 좌우에 분산되어 있을 가능성을 시사한다.[61]

최근 혈액 순환 정도를 측정하거나 기능적 MRI 등을 사용하여 연구한 결과에서도 여성은 남성과 달리 말할 때 양쪽 뇌를 모두 사용하는 것으로 밝혀졌다. 실독증(글을 읽지 못하는 환자), 말더듬이 등 언어 기능과 관계된 환자의 대부분은 남자인데, 이 사실도 남자의 뇌 기능은 분산되지 못해 뇌 손상이 그대로 증상으로 나타나는 것임을 시사한다.

그렇다면 오른쪽 뇌에 치우쳐 있는 기능, 즉 공간 인식 능력 역시 남녀에서 다른 방식으로 이루어져 있는가? 몇몇 연구자들이 오른쪽 뇌가 손상된 환자에게 조각 맞추기 등 공간 인식 능력을 테스트하는 시험을 시행해 보았다. 그 결과, 역시 여자에 비해 남자가 기능 손실이 더 심한 것을 알아냈다. 그러나 이러한 비언어적 기능의 평가는 언어 평가에 비해 객관성이 적으므로 아직은 논란이 많다.[62]

이러한 사실은 언어 기능은 왼쪽에, 공간 인식 기능은 오른쪽에 모여 있는 특성, 즉 뇌가 비대칭적으로 보이는 정도가 여자보다 남자가 더 심하다는 것을 보여 준다. 즉 남성의 경우 뇌 기능이 한곳에 '전문화'되어 있는데, 여성은 대뇌의 기능이 비교적 좌, 우에 분산되어 존재한다는 것이다.

나의 어여쁜 자야

남성과 여성의 뇌, 편도체에 나타나는 변화가 다르다

한국기초과학지원연구원의 자기공명연구부 조경구·김형준 박사 연구팀은 뇌 속 '편도체 중심핵(central nucleus of amygdala)'이 나이가 들면 어떻게 변하는지를 관찰했다.

그 결과, '편도체(amygdala)'[63]의 노화로 인한 변화가 남성과 여성에게서 각기 다르게 나타난다는 사실이 밝혀졌다. 조경구 박사는 이번 연구 결과에 대해 "내분비계와 밀접한 관련이 있는 편도체 중심핵은 불안 등 감정을 조절하는 역할을 한다"며 "여성은 나이가 들어감에 따라 이 부분이 급격하게 줄어드는 반면에, 남성은 변화가 적었다"고 설명했다. 지금까지 인간은 뇌 피질핵 크기에서 남녀 차이가 없는 것으로 보고되어 왔으나 이 연구로 남성 뇌 편도체 피질핵 크기가 여성보다 더 큰 것이 확연하게 밝혀졌다고 언론은 보도했다. 연구팀은 남성이 성적인 의미를 담은 시각 자극(에로틱한 그림)에 여성보다 민감하게 반응하는 것이 이러한 뇌 편도체 피질핵 크기의 차이에서 비롯된 것일 수 있다고 밝혔다. 해당 논문은 편도체의 남녀 차이가 생식호르몬(gonadal hormone)과 어떤 관련성을 가지고 있는지도 다루고 있다.[64]

남녀의 뇌는 차이가 없다?

앞에서 인용한 남녀 뇌의 차이점에 대한 수많은 보고와 정면으로 대치되는 것처럼 보이는 논문 하나가 눈길을 끈다. 이스라엘 텔아비브대학 다프나 조엘(Daphna Joel) 교수는 2015년 11월 1,400명 이상의 13~85세 남녀 뇌 구조와 신경회로 연결을 자기공명 영상(MRI)으로 조사한 결과, 전형적인 남성이나 여성을 '확실히' 구별할 수 있는 뇌에 관한 증거를 찾지 못했다고 발표했다. 남녀 참가자의 뇌에 있는 각 조직의 두께와 부피를 측정한 결과, 참가자의 6%만 제외하고 모든 조직의 크기가 비슷한 것으로 확인됐다고 한다.

한 사람의 뇌를 MRI로 봤을 때, 그게 남자의 뇌인지 여자의 뇌인지 한눈에 알아볼 수 있는 방법이 없다고 해서 남녀 뇌의 차이가 없다고 결론하는 것은 앞선 연구들의 결과를 전혀 설명하지 못한다. 그뿐 아니라 다프나 조엘의 연구는 수많은 뇌 연구 방법 중 MRI 한 가지를 통한 실험이라는 한계가 있다고 지적받고 있다.

남녀 뇌의 차이를 애써 부인하려는 사람들은 뇌는 평생에 걸쳐 외부 영향으로 쉽게 바뀔 수 있다는 개념, 즉 뇌의 신경 회로와 신경 전달 경로가 고정적이지 않고, 지속적인 자극에 의해 끊임없이 변하는 특징을 지닌다는 '뇌 가소성' 개념을 들이대며 남녀 뇌의 차이가 없다는 논리를 세우고자 몹시 애쓴다.

그런데 그러한 주장은 안타깝게도 '뇌 가소성'의 의미를 폭넓게 이해하지 못한데서 오는 대표적인 오류다. 카이스트에서 생명과학을 전공한 장윤실 성교육 강사는 "남녀 신체 전반에서 발견되는 생물학적 차이로 말미암아 우리는 쌀 한 자루를 옮길 때나 똑같은 철봉에 매달릴 때도 남녀가 차이를 보이잖아요. 동일한 환경 속에서도 남녀 성별에 따라 해당 환경과 전혀 서로 다른 역동을 일으킨다는 측면에서도 뇌 가소성을 설명할 수 있다는 의미지요. 즉 남녀의 뇌 차이가 없다는 비과학적인 주장을 하는 사람들이 무기 삼아 내놓는 뇌 가소성이 남녀가 지속적으로 노출되는 서로 다른 사회적 관습에 의한 것이라고만 주장하는 것은 완전히 억지입니다"라고 일축한다.

뇌를 비교할 때, 그 구조와 모양을 보고 이것이 남자 뇌인지 여자 뇌인지 바로 알 수 없다는 이유로 남녀 두뇌의 차이가 없다거나 다니는 학교나 직장처럼 일상적 경험도 사람마다 다른 식으로 뇌를 변화시키므로 남녀 차이를 논하는 것은 의미가 없다는 식으로 물타기 하려는 시도는 남녀 뇌의 수많은 차이를 드러내는 연구 결과들 앞에서 어느덧 그 설득력을 잃어가고 있다.[65]

남녀의 서로 다른 체지방 이야기

여성은 남성에 비해 근육보다 지방의 비율이 높은 편이다. 성호르몬인 에스트로겐의 영향으로 증가한 지방은 엉덩이 대퇴부, 복부, 상완, 가슴 등에 고르게 분포한다. 또한 여성의 얼굴은 남성의 얼굴보다 지방이 많다. 여성의 얼굴이 좀 더 둥근 형태를 띠는 이유 중 하나가 지방량의 차이 때문이다. 재미있는 것은 체지방의 비율 차이 때문에 여성과 남성이 물에 뜨는 부력에서도 차이를 보인다는 것이다. 체지방 비율이 높은 여성의 경우에는 부력이 많이 생겨서 뼈의 밀도가 더 높고 근육이 더 두꺼운 남성보다 물에 동동 떠 있기가 더 쉽다고 의학 백과가 전하고 있다.[66]

남녀의 서로 다른 발달 속도 이야기

남자아이와 여자아이는 유아기부터 뚜렷한 차이를 보인다. 어린이에서 성인으로 신체가 변화하는 성장 단계를 사춘기라고 한다. 소녀는 보통 만 11세부터 사춘기가 시작되고, 소년은 그보다 2년 늦게 시작된다. 사춘기에서 완전한 여성이나 남성이 되기까지는 3~4년이 걸린다. 사춘기에는 성의 특이한 변화가 나타나고, 신장과 체중 모두 빠르게 증가하며 생식 능력(배란이나 정자 생성)이 완성된다. 유아기와 성인의 중간 단계인 사춘기는 정서적·지적·신체적으로 완벽한 발달을 보이는 시기다.

성장률을 볼 때, 사춘기 전까지 소녀와 소년은 거의 비슷한 속도로 성장한다. 사춘기에 나타나는 급격한 성장은 소년보다 소녀에게 먼저 일어난다. 소녀의 경우 초등학교 3~4학년에 급성장하고, 소년의 경우 그보다 2년 정도 늦게 성장이 시작된다. 그러나 통상 소년은 소녀보다 더 빠른 속도로 성장한다. 남성은 사춘기가 좀 더 늦게 시작되지만, 성장률은 오히려 더 빠르기 때문에 성인이 되었을 때 남성의 신장이 여성의 신장보다 큰 것이다.

남녀의 아름다운 목소리 이야기

제자광성교회 찬양대가 아름답게 찬양하고 있다.

부모님과 친척 어르신들 상당수가 찬양대로 오랜 기간 섬기셨고 필자 역시 중학교 때부터 찬양대 활동을 시작했다. 찬양대의 아름다운 찬양을 듣고 있노라면 남자와 여자의 목소리도 다르게 빚으신 하나님의 섬세한 솜씨에 감탄하게 된다. 하나님은 대체적으로 여성의 후두는 남자의 후두보다 작아서 높은음을 내기에 알맞게 만들어 놓으셨다. 전문가들은 변성기를 지남에 있어서 남자와 여자의 양상이 다르며 변성기에 남자아이들이 주의할 점이 여자아이들보다 더 많다고 말한다.

변성기에는 성대 길이가 성인 수준으로 점차 바뀌어 가는데, 보통 남자는 변성기 전과 비교하여 약 60%, 여성은 약 30% 정도 성대가 길어진다.[67] 여성은 남성에 비해 변화의 폭이 작은 만큼 특별히 변성기를 느끼지 못하고 사춘기를 보내기도 한다. 남자아이들은 변성기가 오면 성인처럼 굵은 목소리가 나거나, 허스키한 목소리가 나는 등 급격한 목소리 변화를 겪으며 자신만의 목소리를 만들어 가게 된다. 특히 남자아이들의 경우, 좁아진 음역대를 극복하려고 무리해서 소리를 내거나 목에 힘을 주어 쥐어짜 내듯 하면 평생 허스키한 목소리로 지내야 한다.

나의 어여쁜 자야

"앗 따가워!" 지금도 기억나는 아버지의 수염

필자의 아버지는 필자가 어린 시절에 가끔 수염 자국이 있는 얼굴로 우리 삼 남매의 얼굴을 문지르는 장난을 치곤 하셨는데, 그 까끌까끌하던 느낌이 지금도 생생하다. 어머니 얼굴엔 수염이 없는데, 아빠는 남자라서 그렇구나 하며 남녀의 차이점을 저절로 익히는 성교육이 되었던 것 같다. 실제로 가정에서 어린 자녀들에게 아빠의 턱수염을 보여 주며 남녀의 차이점을 자연스럽고도 쉽게 설명해 줄 수 있다.

일반적으로 여성이 남성보다 체모가 적고 가는 편이다. 특히 얼굴 부위 체모, 즉 수염은 남성이 100배 이상 많다. 보통 남자는 코밑과 턱 주변에 수염이 활발히 자라나는데 그 때문에 매일 면도를 해야 하는 라이프 스타일이 생겨난다. 남녀 신체의 차이는 라이프 스타일의 차이, 습관의 차이로 연결되고, 이렇게 2차적으로 생겨난 차이는 남녀의 전반적인 차이의 총량을 증가시킬 수밖에 없다.

남자가 여자보다 체모가 두껍고 광범위한 이유는 테스토스테론 양의 차이, 헤모글로빈 농도의 차이 등 여러 가지가 복합적이다.

중학교 때, 친구들과 함께 "매달 여자들이 월경하는 게 불편한지, 매일 남자들이 수염을 미는 게 더 불편한지" 이야기를 나누었던 기억이 난다.

● ●

여성의 면역계 이야기

최근 한 신문에 "여성이 남성보다 코로나19 사망률이 낮은 이유는?"이라는 제목의 기사가 실렸다. [68] 기사는 중국 보건당국이 코로나19 확진자 44,000명 가운데 남성 확진자의 2.8%가 사망했으나 여성은 1.7%만이 사망한 사실을 발표했다고 전한다. 영국 BBC는 코로나19 바이러스뿐 아니라 독감을 포함한 광범위한 감염에서도 여성의 사망률이 훨씬 더 낮은 현상이 확인된다고 전했다.

BBC는 남성과 여성의 면역 체계의 차이가 감염에 반응하는 방법에 차이를 가져온다고 보도했다. 이스트앵글리아대학교 (University of East Anglia) 폴 헌터(Paul Hunter) 교수가 "여성은 본질적으로 남성보다 다른 면역 반응을 보인다. 여성은 여성 호르몬으로 인해 자가 면역 질환(auto-immune diseases)이라고 하는 자기 조직에 대항하여 신체의 면역계가 반응함으로써 생기는 질환을 앓을 가능성이 더 높지만, 독감 백신에 대해서는 더 나은 항체를 만들어 낸다는 증거가 많다"고 말했다.

스트레스를 유발하는 상황에 처했을 때, 여성이 남성보다 스트레스와 관련된 질환에 저항력이 강하다는 사실은 이전 연구에서도 드러났다. 이러한 차이는 의사, 변호사, 교사와 같이 스트레스가 특히 많은 직업을 가진 여성과 남성에 대한 연구에서 분명히 나타난다. 또한 극한 상황에서 여성이 생존할 가능성이 더 높은 것으로 나타났다. 그러나 이것에 대한 정확한 원인은 밝혀져 있지 않다. 여성에게는 강한 면역계가 있는데, 이것은 여성의 성호르몬과 관련 있는 것으로 보인다. 결과적으로 여성은 감기나 유행성 독감(인플루엔자)과 같은 감염증에 남성보다 저항력이 강하다. 또한 감염되어도 더 빨리 회복된다.

여성의 면역계가 좀 더 민감하다는 사실은 여성에게 이익이 되는 만큼 상대적으로 불이익이 되기도 한다. 자가 면역 질환은 남성에 비해 여성에게서 훨씬 더 많이 나타난다.

자가 면역 질환에는 류머티스성 관절염, 악성 빈혈, 신체 기관의 결합 조직에 염증이 생겨서 발병하는 질환인 전신 홍반성 낭창과 갑상선 기능 항진증의 한 유형인 그레이브스병이 있다. 자가 면역 질환은 발병 기간이 길고, 신체적인 무기력을 일으킨다.[69]

여성의 특권, 임신과 모유 수유

여성은 남자와 달리 아기가 자라는 집인 자궁이 있고, 월경 주기에 따라 한 달에 한 번 난자가 난소에서 배출되기 때문에 다달이 임신할 수 있다. 그리고 출산 후에 모유를 먹일 수 있는 유방도 있다. 남성은 임신과 출산이 불가능하다. 임신은 여성만이 할 수 있는 고유의 역할이다. 필자는 2000년대 초반에 두 자녀를 낳아 기르고 있는데, 둘만 낳은 것을 뒤늦게 후회하고 있다.

> "보라 자식들은 여호와의 기업이요 태의 열매는 그의 상급이로 다" 시 127:3

이 말씀은 여성인 필자에게 임신과 출산 후에 크게 다가왔다. 특히 첫아이를 제왕절개로 출산하여 품에 안았을 때, 우리를 구원하기 위해 독생자이신 예수님을 주신 하나님의 사랑에 감사하여 눈물 콧물을 다 흘렸다. 하나님께 아들 이삭을 바치는 아브라함의 신앙도 새로이 와 닿으며 그야말로 믿음의 아버지라는 고백이 절로 나왔다. 자녀를 출산한 후에 성경을 읽는 태도가 달라짐을 느꼈다. 어미가 되고 나서 세상을 보는 눈이 달라졌다. 무엇보다도, 죄인인 우리를 양자 삼으려고 친아들을 내어 주신 하나님의 사랑은 도무지 견적이 안 나오는 큰 사랑임을 실감하게 되었다.

임신과 출산을 통해 엄마가 되는 과정에서 여성들이 인생에서 중요한 성장의 변곡점을 만난다는 점에서도 남자의 생애 주기와는 확연히 다른 점을 볼 수 있다.

임신과 출산은 여성만이 할 수 있는 고유의 능력이다.

나의 어여쁜 자야

남자가 아이를 낳았다는 유언비어

종종 "김 집사님, 남자가 애를 낳았다는 뉴스를 들었는데 사실인가요?"라며 질문을 해 오는 권사님, 집사님들이 있다. "남자는 자궁이 없는데 어떻게 애를 낳죠? 세상 참 신기하네요"하며 묻는 것이다. 그런데 알고 보니 미국 매사추세츠주의 한 트랜스젠더 남성이 임신 후 출산했다는 소식이 지역 뉴스에 오른 것이 이러한 오해를 불러일으키는 것이다. "남동생이 애 낳았다"는 해당 기사를 얼핏 보면 과학의 발달로 남자도 애를 낳을 수 있고, 이로써 성전환이 완벽하게 이루어진 것이라고 착각하기 쉽다. 그러나 내용을 잘 살펴보면 사진 속 주인공이 실은 생물학적으로 여성이라는 사실을 쉽게 알 수 있다.

여성으로 태어난 에반은 19세에 남자로 성전환을 결심하고,

미국의 에반이라는 트랜스젠더 남성이 임신 후 출산해 화제가 되었다. 하지만 에반은 자신이 체감하는 성별이 남성일 뿐, 생물학적으로는 여전히 여성이며 여성 생식 기관도 유지하고 있었기에 임신과 출산에 성공할 수 있었다.

호르몬 주사를 맞기 시작하여 남성화 과정을 거쳤다. 몸매가 굵어지고, 턱수염이 나는 등 남성적인 외모를 갖게 되었다. 그러나 여성 생식기관은 여전히 유지하고 있었다. 아이를 낳아 기르는 것이 평생소원이었기 때문이다. 그는 일정 기간 남성 호르몬 주입을 멈추고 정자를 기증받았지만, 남성화 과정으로 이미 몸의 균형이 깨져 있었기에 임신이 어려웠고, 첫아기는 유산되기까지 했다. 임신 유지를 위해 각종 호르몬제를 맞아 가며 안정한 덕분에 임신에 성공했고, 출산 후에 모유 수유까지 하는 등 그의 몸은 겉보기와 달리 여성의 몸으로 기능하고 있었다.

그런데 언론에서 "남동생이 애 낳았다"는 제목과 함께 수염을 기른 에반이 아기에게 젖을 먹이는 사진을 게재하여 마치 남자가 아기를 낳아 젖을 먹이는 것처럼 착각하게 만들었다.[70]

돕는 배필, '에제르 케 네그도 (עֵזֶר כְּנֶגְדּוֹ)'

나보다 나를 더 잘 아시는 하나님이 우리에게 가장 맞고 필요한 것을 주셨음을 필자는 믿는다. 하나님은 필자에게 여성이라는 성별을 주셨다. 또한 하나님은 여자에게 "돕는 배필(창 2:18, 20)"이라는 칭호를 주셨다. 여자의 첫 번째 정체성은 성경에 언급된 대로 "돕는 배필"인데, 이 말을 듣는 사람은 흔히 '남성 절대 우위' 혹은 '여성 절대 열등'을 떠올린다. 돕는 위치에 있으면, 열등하고 종속적인 존재로 보는 게 일반적이기 때문이다.

돕는 배필이 의미하는 것은 무엇인가? 하나님이 남자와 여자를 차별하고, 여자를 하나님 나라의 원칙상 열등한 존재, 배제해야 할 존재로 낙인찍고자 하신 말씀일까? 하지만 그것은 심각한 오해다. 이 말의 성경적 의미를 원어로 살펴보면 오해가 쉽게 풀린다. 결론부터 말하자면, 이 표현은 절대로 남녀의 존재론적 차별을 의도한 단어가 아니다. 오히려 남녀의 화합을 위한 기능적 질서를 의미한다.

> "여호와 하나님이 이르시되 사람이 혼자 사는 것이 좋지 아니하니 내가 그를 위하여 돕는 배필을 지으리라 하시니라" 창 2:18

"돕는 배필"은 히브리어로 '에제르 케 네그도(עֵזֶר כְּנֶגְדּוֹ)'다. 하나님은 여자를 남자의 돕는 배필로 창조하였다고 분명히 말씀하셨다(창 2:18, 20). 영어 성경은 '에제르 케 네그도'를 '조력하는 자'란 의미의 헬퍼(helper)로 번역했다. 그러나 흔히 생각하듯 부수적인 존재로서의 보조나 도우미를 뜻하는 어시스트(assist)는 아니다.

구약의 시편 기자는 하나님을 '돕는 자'라는 뜻의 히브리어 '에제르(עֵזֶר)'라 불렀다(시 54:4, 118:7). 신약에서는 성령님을 "보혜사"로 번역되는 헬라어 '파라클레토스(παράκλητος)'로 묘사하는데(요 14:16, 26; 15:26; 16:7), 구약의 '에제르'에 해당하는 표현이다. 보혜사 성령님이 단순히 성도의 뜻을 성취해 주기 위해 돕는 도우미나 종속적인 조력자가 아니시듯, '에제르 케 네그도'로 불리는 여성 역시 남성의 단순한 조력자나 도우미가 아니다. 다시 말해 성경에서 말하는 "돕는 배필"은 도움의 객체가 되는 대상에 종속된 열등한 조력자를 의미하지 않는다. 여성을 가리키는 '에제르'의 모델은 바로 성령님이시며 그것을 알 수 있는 단서를 성경 곳곳에서 찾을 수 있다.

에제르(ezer)와 에센셜(essential)

구약성경에서 하나님을 묘사하는 히브리어 '에제르'가 거의 20번 가까이 등장한다. 우리는 하나님 없이는 살 수 없는 존재임을 표현할 때, "에벤에셀(Ebenezer)"을 떠올리곤 한다. 사무엘상 7장을 보면, 이스라엘이 블레셋과의 전투에서 하나님의 도우심으로 큰 승리를 거둔 기사가 나온다. 이때 사무엘 선지자가 돌을 취하여 미스바와 센 사이에 세우고 "여호와께서 여기까지 우리를 도우셨다 하고 그 이름을 에벤에셀이라(삼상 7:12)" 하였다.

"에벤에셀"이란 '도움의 돌'이라는 뜻으로 사무엘 선지자가 하나님의 은혜를 오랫동안 기억하기 위해 세웠던 기념비를 가리킨다. 그런데 이때 우리가 '에셀'이라고 발음하며 읽는 단어가 바로 창세기에서 여성을 가리켜 "돕는 배필"이라고 할 때 쓰인 '에제르'와 같은 단어다. '도움'이라는 뜻의 '에제르'를 성경 곳곳에서 찾아볼 수 있다(출 18:4; 신 33:7, 26; 시 20:2 등).

> "하나님은 우리의 피난처시요 힘이시니 환난 중에 만날 큰 도움이시라" 시 46:1

여기서도 역시 '도움'으로 번역된 히브리어 '에제르'가 쓰였다. 하나님 없이는 아무것도 아닌 우리에게 필수불가결한 존재인 그 하나님의 속성을 표현하기 위해 쓰는 단어가 바로 '에제르'인 것이다. 또한 하나님이 여성의 정체성을 고스란히 표현하는데 이 단어를 쓰셨다. 얼마나 놀라운가! 그러므로 "돕는 배필"이란 절대로 단순한 도우미를 의미하는 것이 아니다.

'에제르'는 영어 단어 '에센셜(essential)'의 어근이 되었다. essential의 뜻은 무엇인가? '필수적인, 극히 중요한, 본질적인'이란 뜻으로 없어서는 안 되는 것을 의미한다. 예를 들어, 필수 아미노산('essential' amino acid)은 외부에서 반드시 공급되어야 하는 것으로, 결핍되면 사망에 이를 수 있는 너무나 중요한 아미노산을 가리킨다. 있으면 좀 도움되고 없어도 그만인 아미노산이 아니라는 의미다. '에제르'는 이탈리아어 'essenziale'의 어근이기도 하다. 이 단어 역시 '본질적인, 필요 불가결한'이란 뜻이다.

하나님을 묘사할 때 쓰인 '에제르'가 여자에게도 사용되었다는 것은 그만큼 여성에게 주어진 사명이 위대하고, 필수불가결하며 중요한 것임을 의미한다. 즉 남성이 권위 의식을 가지고 여자를 노예로 여기게끔 하고자 주신 단어가 아님을 알 수 있다.

나의 어여쁜 자야

나라와 민족을 구한 믿음의 여인들

성경에는 아브라함, 엘리야, 모세, 요셉, 다윗 등 수많은 위인이 등장한다. 그들은 믿음의 조상이 되거나 죽은 사람을 살리는 기적을 행하거나 이방 민족의 압제에서 자기 민족을 건져 내거나 도저히 상대가 안 되어 보이는 강한 대적을 한 번에 쓰러뜨린 영웅들이다. 그런데 대부분 남자다.

하나님의 역사가 수많은 남자 영웅들에 의해 흘러가는 듯 보이지만, 그 이면에는 늘 여인들의 믿음과 헌신이 있었다. "모든 산 자의 어머니(창 3:20)"가 된 하와, 이스라엘 민족의 조상으로 명예로운 이름을 남긴 사라, 출애굽 사건의 공동 주역 미리암, 미천한 신분을 넘어 예수의 족보에까지 오른 기생 라합, 가나안에서 태평성대를 일군 사사 드보라, 하나님을 영원히 섬기기 위해 이민도 불사했던 룻, 하만의 악한 궤계로부터 민족을 구한 에스더, 모든 여성 가운데 은혜받은 자라 칭송을 받을 만큼 복 받은 메시아의 어머니 마리아, 하나님 말씀의 능력을 확신했던 로이스와 유니게 등이 대표적이다.

그밖에 비록 이름은 알려지지 않았지만, 여전히 우리에게 영감을 불어넣어 주고 있는 믿음의 여인들이 많다. 나아만에게 엘리사를 소개한 여종(왕하 5:1-15), 마지막 남은 떡을 엘리야에게 내준 사르밧 과부(왕상 17:9-24), 우물가에서 예수님을 만난 사마리아 여인(요 4:4-28), 두 렙돈을 헌금함에 넣은 가난한 과부(눅 21:1-4) 등은 지금도 주일 설교와 성경공부에 자주 언급되고 있다. 또 예수님의 십자가 죽음과 부활의 현장에는 생전에 예수님과 동고동락했던 여인들이 있었고, 브리스길라와 뵈뵈처럼 사도 바울에게 큰 힘이 되어 준 여성 동역자들도 있었다. 지금도 교회의 수많은 여 집사와 권사들이 그들의 전통을 이어 가고 있다.

이렇듯 믿음의 여인 덕분에 나라와 민족이 구원을 받게 된 이야기가 성경에 여럿 등장한다. 그들은 옳은 일을 위하여, 많은 영혼을 옳은 길로 인도하기 위하여, 하나님 나라를 위하여 믿음으로 결단하고 희생을 감내했다. 그들은 그렇게 역사를 바꾼 주체(主體)가 되었다. 그들은 그들 자신보다 누군가의 아내요 어머니로 알려졌지만, 남자가 아니어서 할 수 없는 일로 인해 좌절하기보다 여자이기 때문에 할 수 있는 일을 과감하게 순종해 냄으로 성경에 기록될 수 있었다.

자녀와 함께 성경에 나오는 믿음의 선배 여인들의 삶을 들여다보면, 하나님이 창조하신 아름다운 여성으로서의 정체성을 확립하는데 도움이 될 것이다.

● ●

■ 부부의 기능적 가치를 이해하라

여자를 "돕는 배필"로 세우신 것은 남녀 간에 진정한 의미의 다양성을 인정하신 것이라고 해석할 수 있다. 여성이 하나님 말씀의 권위에 순복하여 남자를 투쟁의 대상이 아닌 '에제르'의 대상으로 보고, 그 관계를 회복하는 것이 남녀 계급투쟁론으로 흐르는 것을 막아 준다.

하나님이 하와를 아담의 갈비뼈를 취해 만드심 역시 여자가 남자에게 종속됐다는 의미가 아니라 아담과 하와가 서로 친밀함을 나누며 한 몸이 되어, 자기 몸처럼 서로 사랑하도록 배려하신

나의 어여쁜 자야

것이다. 하나님의 깊은 뜻이 담긴 의식이었다.

　남자는 기능적 질서로 여자를 사랑하기를 그리스도가 교회를 사랑하심같이 사랑해야 한다. 예수님은 십자가에서 죽으실 만큼 교회를 사랑하셨다. 남편은 아내를 존중해야 자신을 존중하는 것이요, "내 뼈 중의 뼈요 살 중의 살(창 2:23)"인 아내를 사랑해야 비로소 하나님이 원하시는 '한 몸'이 될 수 있다. 이 말은 남성이 여성을 학대하면, 자해하는 것이나 마찬가지라는 뜻이기도 하다.

　하나님은 남자든 여자든 예수 그리스도의 보혈의 공로로만 천국에 들어가게 하셨고, 복음은 남녀 성별을 가진 모든 자에게 주어졌다. 또한 남자와 여자를 차별하지 않으시되 분명히 기능적 차이를 주셨고, 돕는 배필로 만드신 여자에게 은혜를 부어 주고 계신다. 이 기능적 질서에 순복할 때, 가정이 회복되며 회복된 가정의 모습을 통하여 하나님 나라의 모델이 드러난다. 회복된 가정의 순기능은 사랑과 기쁨이 넘치는 하나님 나라, 하나님의 형상대로 지음받은 남자와 여자가 함께하는 영원한 세계가 실재로 존재하며 그 나라의 영화로움은 우리가 상상할 수 있는 범위를 뛰어넘음을 미러링(mirroring)해 줄 것이다.

　"여호와 하나님이 이르시되 사람이 혼자 사는 것이 좋지 아니하니 내가 그를 위하여 돕는 배필을 지으리라 하시니라" 창 2:18

　"아담이 이르되 이는 내 뼈 중의 뼈요 살 중의 살이라 이것을 남자

에게서 취하였은즉 여자라 부르리라 하니라" 창 2:23

"네 헛된 평생의 모든 날 곧 하나님이 해 아래에서 네게 주신 모든
헛된 날에 네가 사랑하는 아내와 함께 즐겁게 살지어다 그것이 네
가 평생에 해 아래에서 수고하고 얻은 네 몫이니라" 전 9:9

"그런즉 이제 둘이 아니요 한 몸이니 그러므로 하나님이 짝지어 주
신 것을 사람이 나누지 못할지니라 하시니" 마 19:6

부부가 서로에게 가장 귀한 보배요 끝까지 함께하는 사람이
되려면, 서로의 기능적 차이와 남녀 간의 평등을 동시에 이해해
야 한다. 예를 들어, 십보라는 위기의 순간에 지혜를 발휘하여 남
편 모세를 살렸다. 모세가 갖지 못한 지혜를 그 순간 꺼내서 발휘
한 아내의 순기능이라고 할 수 있다. 이는 성령님이 늘 유비쿼터
스(ubiquitous)함 이상으로 우리와 함께하시고 보이는 곳뿐만 아니
라 보이지 않는 곳에서조차 성도를 위해 역사하시듯(롬 8:26) 십보
라도 비밀스럽지만 가장 적합하게 남편을 도와 아내로서 순기능
을 해냈다. 하나님과 남자 사이에 평화를 가져오고, 하나님과 히
브리 민족 가운데 평강을 가져오는 위대한 사역을 아내의 위치에
서 해낸 것이다.

최초의 인간은 창조되자마자 하나님의 섭리 속에 부부라는 커
뮤니티 형성을 향해 나아갔다(창 2:18-24). 그 안에서 성부, 성자,

성령, 성삼위일체의 커뮤니티로 존재하시는 하나님처럼 인간에게도 남편과 아내가 한 몸 된 가정을 이루고, 그 가정에 생명의 잉태를 통해 어떤 재앙 속에서도 깨지지 않게 하나가 되는 복을 주셨다. 하나님이 삼위일체로 계시듯, 남성과 여성은 '둘'이 '한' 몸을 이루는 일체적 자아가 되었다. 이렇게 일체화된 남녀, 즉 부부는 혼자서는 뿜어낼 수 없는 강력한 지혜와 추진력을 탑재하게 되며 생명력으로 중무장하게 된다. 분명히 시작은 둘의 연합이었는데, "바다의 셀 수 없는 모래와 같이(창 32:12)" 자손이 번성케 되는 기적을 낳게 하신다.

앞서 여자로 태어났으니 처음부터 '시다바리'로 만들어진 것이냐며 항의성 질문을 하던 그 여중생은 나의 답변을 듣고 나더니 돌연 울 듯한 표정을 지었다.

"돕는 배필이 에제르인 줄 몰랐고, 에제르가 그런 의미인 줄도 몰랐어요. 하나님이 나를 미워하시는 줄로 알고 오해했네요. 그래서 종처럼 만드신 건 줄 알았어요. 하나님을 향한 오해가 풀리고 나니 너무 좋아요. 바쁘신 와중에 답해 주셔서 고맙습니다."

그 아이의 이야기를 마저 듣지 못하고 그 자리를 나와야 했지만, 하나님을 오해하며 하나님과 거리를 두었던 아이에게서 거리감이 사라지는 것을 보니 너무나 기뻤다.

결혼은 인간이 무죄하던 시대에서부터 인간이 죄를 짓고 난 뒤에도 존속된 제도임을 알리는 것이 또한 이 "돕는 배필"이라는 단어다. 배필이 된다는 것, 즉 부부 정체성은 타락 전에만 존재한 것이 아니라 선악과 사건, 곧 아담과 하와의 범죄 이후에도 결혼 제도를 통해 지속해 왔으며, 구원자의 오심이 불완전한 자들, 즉 죄인들의 가정을 통해 이루어졌다는 사실을 잊어서는 안 된다. 메시아께서는 임신과 해산의 고통을 통해 아기의 모습으로 이 땅에 오셨다. 여자의 순종이 지혜이며 하나님의 전략 속에 포함되어 있다. 큰 전율이 느껴진다. 예수님이 여자의 후손으로 오심이 약속되었고(창 3:15), 이것에 대한 하나님의 약속은 마침내 그대로 진행되었다. "돕는 배필", '에제르 케 네그도', 아내는 '필수불가결한 존재'다.

필자도 "돕는 배필"이 여자에게 주신 너무나 아름다운 소명임을 결혼하고 나서야 깨달았다. 남편을 섬기고, 아이를 낳아 키워가며 깨달은 것이다. 부족한 점이 많은 나 같은 사람을 사랑하고 아내로 맞아 그 아내를 위해 오늘도 손잡고 기도해 주는, 인내심 많고 사랑 많은 남편에게 한없는 존경과 사랑을 바친다. 또 그 남편과 함께하는 삶의 여정에서 '에제르 케 네그도'라는 귀한 정체성을 세워 주신 하나님께 감사드린다.

자녀의 성별을 불문하고 사랑을 표현하자

필자는 1남 2녀 중 둘째이며 딸 중에서는 첫째다. 위에 2살 많은 오빠가 있고, 아래로는 5살 어린 여동생이 있다. 필자의 아버지는 외동아들로, 몸이 약해서 결혼 전까지 온갖 잔병치레를 다 하셔서 할머니가 걱정을 많이 하며 키우셨다고 한다. 그런데 필자의 오빠 역시 외동아들인 데다가 어릴 때부터 잔병치레가 잦았고, 고열로 죽을 뻔하기까지 했다. 그런 오빠 덕분에 어린 필자의 건강 상태는 어지간하면 그냥 건강한 편이라고 보고 넘어가는 분위기였다. 할머니는 외동인 손자가 죽으면 대가 끊긴다고 걱정하시며 외며느리가 둘째 아들을 낳기 바라셨는데, 딸인 필자가 태어나서 실망하셨다는 이야기를 어린 시절부터 들어왔었다.

그러던 어느 날 필자가 7살에서 8살로 넘어가는 시기에 더 이상 가볍게 넘어갈 수 없는 심한 중이염에 걸렸다. 중이염을 고치기 위해 동네 이비인후과를 엄마와 함께 다녔지만, 낫지를 않아서 크고 유명한 병원으로 옮기게 되었다. 통원 치료를 아무리 받아도 귀가 낫지를 않았다. 갈 때마다 이런저런 치료를 받고 약을 먹기도 했지만, 차도가 보이지 않았다.

통원 치료를 열심히 받으며 병원에 다니던 어느 날, 필자를 진료하던 의사가 어머니만 진료실에 남고, 필자는 나가서 잠시 기다리고 있으라고 했다. 어린 필자는 진료실 바깥 복도에 있는 긴 의자에 앉아서 어머니를 기다렸다.

그런데 상담을 마치고 나오시는 어머니의 표정이 굉장히 어두 웠다. 그리고 여느 때처럼 "이제 집에 가자"하면서 내 손을 잡고 분주하게 발걸음을 떼시는 게 아니라 그냥 병원 복도 긴 의자에 털썩 주저앉으셨다. 그러더니 아무 말도 하지 않고 허리를 잔뜩 구부리신 채로 이마에 두 손을 모으고는 머리를 푹 숙이셨다. 마 치 세상을 잃은 사람처럼 "주여…"라고 중얼거리며 긴 한숨을 토 해 내셨다. 직감적으로 '아, 좋지 않은 얘기를 들으셨나 보다. 내 귀가 잘 안 나으려나 보구나' 하는 생각이 들었다.

그래서 필자는 어머니에게 조심스레 물었다. "엄마, 병원에서 뭐라고 해요?" 그러자 어머니가 맥이 탁 풀린 힘없는 목소리로 말씀하셨다. "지연아, 네 귀가 잘 안 나을 수도 있다고 하는구나. 안 낫게 되면 소리를 듣는데 평생 문제가 생길 수도 있데."

그 말을 듣는 순간, 어린 필자는 그 상황에서 이상하게도 감당 이 안 되는 큰 기쁨이 느껴졌다. '엄마가 내 귀가 먹을까 봐 걱정 하신 거로구나. 설마 나를 맘속 깊이 사랑하시는 건가? 저렇게 걱정할 만큼 나를 사랑하시는 건가? 하나님 너무 감사합니다!'

어린 필자는 참으로 어리석게도 그런 생각을 하며 뛸 듯이 기 뻐하고 있었다. 자칫 귀가 먹을 상황이라는 사실은 하나도 중요 하지 않았다. 당시 마음의 상태를 들여다보면, 한마디로 이런 기 분이었다. '내 귀가 안 나을까 봐 저렇게 걱정하시다니 아무래도

128 나의 어여쁜 자야

엄마가 나를 사랑하나 봐. 귀가 평생 들리든 안 들리든 그건 중요하지 않아. 엄마가 이렇게 나를 사랑한다면….'

지금 생각해 보면, 굉장히 철없는 반응이었다. 당시 너무나 어렸던 필자의 이러한 내면의 반응을 살피노라면 지금도 피식 웃음이 난다. 어머니는 항상 나를 사랑하시고 계셨는데 왜 나는 그걸 그렇게까지 까맣게 몰랐을까? 왜 당연히 나는 엄마의 사랑을 못 받고 있다고 결론짓고 망연자실해져 있었을까? 돌이켜 보면, 필자의 어머니는 정말로 깊고 큰 사랑을 가진 분이었는데 말이다. 내 예상과 달리 엄마가 지금까지 나를 사랑해 오신 게 분명하다는 확신이 들자 세상을 다 잃어도 괜찮을 듯이 기뻤던 그때를 회상하노라면, 사랑은 표현될 때 100배 더 강력한 효과를 내는 것 같다.

나는 우리 기독교 양육자들이 자녀를 사랑하는 마음을 반드시

필자의 어린 시절에 엄마, 오빠와 함께 찍은 사진이다.

생활 속에서 표현하기를 원한다. 자녀에게 화가 나거나 실망했을 때는 쉽게 표현하면서도 너무나 사랑하고, 보고 싶고, 손잡아 주고 싶은 마음은 표현하지 않을 때가 많다. 그리운 마음, 정말로 예수님 안에서 잘 크기를 소망하는 마음, 내 생명을 대신 내줄 수도 있을 만큼 사랑하는 마음을 자녀들에게 굳이 숨길 필요가 없다. 물론 모든 감정의 표현에는 절제함도 필요하지만, 우리는 지금 자녀들을 향한 사랑의 표현에서 너무 쓸데없이 절제하고 있는지도 모른다.

그리고 우리 자녀가 내가 남자라서, 혹은 내가 여자라서 부모님이 나를 좋아하지 않을지도 모른다는 생각을 하고 있다면, 하나님이 사람을 어떻게 창조하셨고, 그들의 성별을 있는 그대로 우리가 기뻐하며 감사하고 있음을 표현해 줘야 한다. 그리고 우리 자녀에게 타고난 성별 그대로의 모습을 사랑하고 있다는 것을 표현해 보자. 부모가 아이를 안아 주며 그 아이의 존재 때문에 얼마나 기뻐하는지를 티 내 보자는 것이다.

엄마의 사랑이 부지불식간에 드러나는 순간, 자녀가 '설마 우리 엄마가 나를 사랑하기라도 하는 거야?' 하며 낯설어하지 않기를 바란다. 자녀들 앞에 서 있는 우리 모습은 종종 영의 부모이신 하나님이 어떤 분이신지를 가늠케 하는 중요한 요소가 되기도 하기 때문이다.

자녀를 사랑하는 부모의 마음이 외부로 표현되어 자녀 영혼에 와 닿는 순간, 기쁨과 다행감, 안정감과 해방감, 하나님에 대한 감사와 찬양이 터져 나올 것이다.

자녀에게 사랑을 표현하기 위한 공감 소통법과 10초 안아주기 등은 '디지털 세대를 위한 성경적 성교육' 1권《너는 내 것이라》(69-80쪽)에 구체적으로 설명해 놓았다.

● ●

나의 어여쁜 자야
● ●

감사에 관한 성경 구절

크리스천 양육자들이 자녀들에게 성교육을 할 때에 자신의 성별을 포함하여 모든 형편 즉 범사에 감사할 것을 교육하는 것은 매우 유익하다. 감사에 대한 성경 구절 중 마음에 감동있는 구절을 집안 눈길 가는 곳마다 붙여 놓을 것을 제안한다.

양육자가 성경 구절을 눈길이 닿는 집안 곳곳에 붙이는 것의 유익은 '디지털 세대를 위한 성경적 성교육' 1권《너는 내 것이라》(181쪽)에 구체적으로 설명해 놓았다.

"여호와께 감사하라 그는 선하시며 그의 인자하심이 영원함이로다" 대상 16:34

"여호와는 나의 힘과 나의 방패이시니 내 마음이 그를 의지하여 도움을 얻었도다 그러므로 내 마음이 크게 기뻐하며 내 노래로 그를 찬송하리로다" 시 28:7

"내가 여호와를 항상 송축함이여 내 입술로 항상 주를 찬양하리이다" 시 34:1

"우리가 감사함으로 그 앞에 나아가며 시를 지어 즐거이 그를 노래하자 여호와는 크신 하나님이시요 모든 신들보다 크신 왕이시기 때문이로다" 시 95:2-3

"감사함으로 그의 문에 들어가며 찬송함으로 그의 궁정에 들어가서 그에게 감사하며 그의 이름을 송축할지어다" 시 100:4

"주는 나의 하나님이시라 내가 주께 감사하리이다 주는 나의 하나님이시라 내가 주를 높이리이다" 시 118:28

"아무것도 염려하지 말고 다만 모든 일에 기도와 간구로, 너희 구할 것을 감사함으로 하나님께 아뢰라" 빌 4:6

"기도를 계속하고 기도에 감사함으로 깨어 있으라" 골 4:2

"항상 기뻐하라 쉬지 말고 기도하라 범사에 감사하라 이것이 그리스도 예수 안에서 너희를 향하신 하나님의 뜻이니라" 살전 5:16-18

"그러므로 우리가 흔들리지 않는 나라를 받았은즉 은혜를 받자 이로 말미암아 경건함과 두려움으로 하나님을 기쁘시게 섬길지니"
히 12:28

"남자와 여자를 만드신 하나님의 솜씨"
Activity

1. 남자와 여자의 차이를 가르치라

하나님이 여자와 남자로 창조하셨음을 잘 가르쳐야 한다. 창세기는 하나님이 하나님의 형상대로 사람을 창조하시되 남자와 여자로 창조하셨다고 말한다. 남녀의 개괄적인 차이점, 즉 염색체, 근골격계, 호르몬, 생식기, 뇌 기능 등 남자와 여자에게서 드러나는 차이점들을 가르치고, 하나님이 남자와 여자를 다르게 창조하신 것에 대해 깊이 이해할 수 있도록 장을 마련해 주는 것이 좋다.

실천해 보기

1) 남자와 여자의 차이점을 기억나는 대로 간단하게 적어 보기

- 염색체 차이 _____
- 근골격계 차이 _____
- 임신과 출산 여부의 차이 _____
- 호르몬 차이 _____
- 뇌의 차이 _____
- 성품의 차이 _____
- 직업군별 차이 _____

2) 남자와 여자가 스포츠 경기에서 동등하게 겨루면 어떤 일이 벌어질지 나누어 보기

- 달리기 _____
- 농구 _____
- 권투 _____
- 수영 _____
- 피겨스케이트 _____
- 던지기 _____
- 카레이싱 _____

Tip. 남녀의 신체적인 차이 때문에 달리기, 던지기, 격투기 등에서 남성의 기록이 여성을 능가한다. 결과적으로 운동의 성과는 여성과 남성을 비교하는 것보다 여성 간에, 남성 간에 비교하는 것이 더 공정하고 안전하다. 그러나 승마처럼 신체적 차이가 아닌 기술 위주로 승부를 내는 경기에서는 여성과 남성이 서로 기량을 겨루어도 된다.

3) 상담이나 육아 관련 직종에 종사하는 남녀 성비율을 알아보고, 왜
   그런 차이가 나는지 이야기로 나누어 보기

_____

_____

_____

_____

   Tip. 공감 능력과 멀티태스킹 능력이 좋은 여성들이 상담과 육아 관
   련 직종에 많이 종사하고 있다.

4) 소방관, 광부, 건설 현장 인부 등의 직종에서 남녀 성비율을
   알아보고, 왜 그런 차이가 나는지 이야기로 나누어 보기

_____

_____

_____

_____

2. 자신의 성별에 감사할 것을 가르치라

"항상 기뻐하라 쉬지 말고 기도하라 범사에 감사하라 이것이 그리
스도 예수 안에서 너희를 향하신 하나님의 뜻이니라" 살전 5:16-18

범사(凡事)란 말 그대로 '모든 일'을 의미한다. 우리는 모든 일에
감사하는 마음을 가져야 한다. 하나님이 우리에게 가장 맞는 것, 하
나님이 보시기에 가장 온전한 것으로 우리에게 성별을 정하여 주셨
음을 믿어야 한다. 또 하나님이 우리에게 선물로 주신 성별을 감사
하게 누려야 한다.

실천해 보기

1) 딸

"나를 여자로 만들어 주신 하나님께 감사를 드립니다."
(딸을 향해 부모가)
"○○(이)를 여자로 창조하시고, 우리 가정에 귀한 딸로 태어나게
하심에 감사드립니다."

2) 아들

"나를 남자로 만들어 주신 하나님께 감사를 드립니다."
(아들을 향해 부모가)
"○○(이)를 남자로 창조하시고, 우리 가정에 귀한 아들로 보내 주
심에 감사드립니다."

자녀들에게 감사의 선포를 가르치고, 가족이 함께 감사 기도를 드
린다. 부모도 자신의 성별에 대해 감사하는 기도를 드린다.

3. 남편과 아내에게 주신 아름다운 기능적 질서를 가르치라

남자든 여자든 예수님을 믿으면 누구나 구원을 얻는다. 사랑과 공의의 하나님이 우리에게 주신 남녀평등의 개념은 바로 예수님을 통한 구원의 길이 남녀 모두에게 열려 있다는 것이다. 남자와 여자를 구원함에 있어 다른 차별을 두지 않으신다.

그러나 하나님은 태초부터 남자와 여자를 다르게 창조하셨으며 구별하셨고, 그에 따라 기능적 질서를 주셨음을 가르쳐야 한다.

결혼을 통해 남자와 여자가 연합하여 한 몸을 이룸을 가르치라.

실천해 보기

- 자녀들 앞에서 엄마가 아빠의 장점을 세 가지 이상 말해 보라.

  (혹은 아빠가 언제 남자로서 가장 멋져 보였는지)
- 자녀들 앞에서 아빠가 엄마의 장점을 세 가지 이상 말해 보라.

  (혹은 엄마가 언제 여자로서 가장 멋져 보였는지)
- 자녀 ○○(이)가 아빠의 ○○한 면을 닮아서 기뻤던 순간을 나눠 보라.
- 자녀 ○○(이)가 엄마의 ○○한 면을 닮아서 기뻤던 순간을 나눠 보라.

My beautiful one

2장

타고난 성별마저
혼란을 주는
성교육 현실

"성별은 바뀔 수 있으며
남녀 외에 무수한 성별이 있다"라는
거짓 메시지는
결국 하나님의 말씀 자체를
부인하게 만들기도 한다

타고난 성별을 의심하게 하는 교육이 번지고 있다

하나님이 주신 자유의지, 진리를 향해야 한다

하나님은 인간에게 자유의지를 주셨다. 우리를 로봇으로 만들어서 조종하시는 분이 아니다. 우리는 자유의지를 부여받음으로써 인격적인 하나님과 인격적인 교제를 맺고, 하나님을 진심으로 찬양하며 그분의 사랑에 감사할 줄 아는 능동적인 존재가 되었다. 이렇듯 자유의지는 귀한 것이고, 하나님의 형상대로 지음 받은 인간에게만 부여된 귀한 자산이요 본질이다.

우리 자녀들 역시 자유의지를 가지고 태어났다. 크리스천 양육자는 자녀가 자신의 자유의지로 하나님의 뜻을 좇아가도록 기도하고, 하나님이 기뻐하시지 않는 악한 꾀를 짜내거나 죄의 길을 선택하거나 오만한 자의 자리로 달려가지 않도록 잘 양육하여야 한다.

"복 있는 사람은 악인들의 꾀를 따르지 아니하며 죄인들의 길에 서지 아니하며 오만한 자들의 자리에 앉지 아니하고 오직 여호와의 율법을 즐거워하여 그의 율법을 주야로 묵상하는도다" 시 1:1-2

한 인간에게 주어질 수 있는 진정한 형통함, 하나님 아버지의 뜻을 향한 막힘 없는 질주, 하늘로부터 오는 진정한 의미의 복은 하나님의 말씀을 즐거워하고, 그 말씀을 주야로 상기하고, 그 말씀을 통해 발견되는 하나님의 형상을 묵상하는 자에게 주어진다고 성령님이 선포하신다. 우리의 자유의지는 악하고 죄를 도모하며 오만 일변도로 치닫는 자유의지가 아닌 오로지 하나님의 말씀을 즐거워하며 삶의 모든 방향성이 성령 안에서 존귀하신 예수님의 형상을 닮아 가도록 능동적으로 반듯하게 정렬되어야 한다.

자유의지는 하나님이 부여하신 귀한 것이지만, 이 자유의지를 통해 하나님을 거역하고 성령님을 근심케 하기를 일삼을 수도 있다. 즉 하나님의 사랑과 은혜는 인간의 자유의지에 의해 거절당할 수 있다는 뜻이다.

> "그는 시냇가에 심은 나무가 철을 따라 열매를 맺으며 그 잎사귀가 마르지 아니함 같으니 그가 하는 모든 일이 다 형통하리로다"
>
> 시 1:3

우리의 자유의지가 악인이나 죄인이나 오만한 자들과 함께하지 않고 하나님만을 향하여 나아갈 때, 결과는 아름다운 열매와 결코 마르지 않는 잎사귀처럼 생동감 있게 숨 쉬고 역동한다. 또 하나님과 교통하고 이웃을 향하여 선한 광합성을 제공하며 형통한 삶이 주어진다.

근래 자신의 자유의지를 동원한 이른바 '자기 결정권'이라고

나의 어여쁜 자야

하는 용어가 매우 광범위하게 통용되고 있다. 특히 성적인 주제에 관해서는 '성적 자기 결정권'이라는 용어로 교과서나 성교육 지침서에, 혹은 헌법재판소의 결정문에도 등장하고 있다. '성적 자기 결정권'은 좁은 의미로는 원치 않는 성적 접촉이나 관계를 거부할 권리를 가리키지만, 요즘은 합의하에 하는 성관계를 모두 용인하자는 취지 혹은 자신의 성별을 결정할 권리를 칭할 때도 사용되니 문제다. 좋은 의미의 단어가 왜곡된 뜻으로 사용되기 시작하면 그 좋은 의도가 희석되기 마련이다.

인간의 자유의지는 말 그대로 인간이 가진 자유로운 결정권을 의미하고, 하나님의 뜻을 자발적으로 따를 수 있는 귀하고 독특한 개인으로서의 역량을 의미하기도 하지만, 자유의지를 잘못 사용함으로써 성경을 거슬러 거역하는 일에 휘둘려서는 안 된다.

자녀의 자유의지를 존중하고 선한 쪽으로 흘러가도록 동기 부여하는 것은 부모의 중요한 의무다. 그러나 자녀가 자신의 자유의지로 하나님의 뜻에 반하는 악한 길로 치달아 죽음을 향해 달려가는 것을 볼 때는 반드시 제동을 걸어야 한다.

> "악인들은 그렇지 아니함이여 오직 바람에 나는 겨와 같도다 그러므로 악인들은 심판을 견디지 못하며 죄인들이 의인들의 모임에 들지 못하리로다" 시 1:4-5

하나님의 형상을 따라 지어진 남자와 여자로서의 본질, 즉 성별을 거부하고, 반대 성별로 교체하고 싶다며 방황하는 청소년들이 해마다 늘어가고 있다. 이는 하나님이 부여해 주신 자유의지를 잘못 사용하는 것이다. 타고난 성별은 자유의지로 바꿀 수 있는 영역이 아니기 때문이다.

그런데도 자신의 신체를 훼손하거나 성호르몬을 주입하고, 경우에 따라서는 성형을 동반하기도 하는 성별 교체 과정은 이제 더 이상 이상하거나 은밀한 일이 아니다. 미디어가 인공적인 성별 교체를 공공연히 소개하고 있다. 특히 영국에서는 자신의 성별을 바꾸기 위해 상담을 받는 여학생들이 10년 사이에 4,000% 이상 증가했다고 한다.[1]

이러한 상황에서 기독교 양육자들이 아이들과 어떻게 소통하며 나아가야 하는가에 관해 이야기를 나누고자 한다.

3살 아이에게 타고난 성별을 바꿀 수 있다고 가르치는 영국 유치원

영국은 '드래그 퀸(drag queen)'이 어린아이들의 성(性) 다양성 수업이라는 명목으로 유치원에 강사로 나서기도 한다. 드래그 퀸은 여장을 의미하는 '드래그(drag)'와 남성 트랜스젠더가 스스로를 칭할 때 쓰는 표현인 '퀸(queen)'이 합쳐진 말이다. 즉 여성 분장을 한 남성을 의미한다. 짙은 화장과 여성성을 과하게 강조한 몸매의 옷차림은 물론 목소리까지 여자처럼 위장하지만, 음경 및 고환을 적출하는 이른바 '성전환 수술'을 받지 않았기 때문에 생물학적으로는 완벽한 남자다.

영국 〈데일리메일(Daily Mail)〉, 〈더선(The Sun)〉, 〈데일리미러(Daily Mirror)〉 등 외신에 따르면 여장을 한 남성들이 2살 어린이들에게 이른바 '젠더 유동성(gender fluidity)'과 관련한 쟁점들을 가르치는 수업인 '드래그 퀸 스토리 타임(Drag Queen Story Time)'을 개설했다고 보도했다.

드래그 퀸은 차별에 관한 생각이 전혀 발달하지 않은 어린아이들에게 남자와 여자 외에도 다양한 성별이 존재할 수 있다는 잘못된 메시지를 전달하기 위해 유치원에 온 것이다. 아이들이 트랜스젠더를 정상으로 받아들이도록 가르치고, 각자의 개성을 자연스럽게 받아들일 수 있도록 특별히 개사한 동요를 부르게 한다. 또한 타고난 생물학적 성별대로 살아야 한다든가 성별은 남녀만 있다고 생각하는 것을 '성 고정 관념'이라고 폄하하며 그것에서 탈피하게 만드는 동화책을 읽어 준다.

비평가들은 이러한 교육은 2~3세 아이들이 가장 기본적인 '인간 실존'의 의미를 알지 못하게 만들며 남녀 간 본질적인 차이에 대한 현실 인식을 왜곡한다고 우려한다. 어린이 심리 치료사 딜리스 도스(Dilys Daws)는 "이 프로그램은 장기적으로 어린아이들에게 성별 정체성에 대한 혼란을 줄 수 있다. 트랜스젠더가 된다는 것은 평범한 일이며 자신도 트랜스젠더가 될 수 있다는 생각이 온 나라를 휩쓸고 있다"며 염려했다.[3]

이렇게 자신의 타고난 성별을 의심케 하는 교육은 영국뿐 아니라 미국, 유럽 등에서 유행처럼 번지고 있다. 미국은 수년 전부터 40여 개 주의 지역 도서관과 서점 등에서 어린이와 청소년을 대상으로 일명 '드래그 퀸 스토리 아워(Drag Queen Story Hour; DQSH)'란 이름으로 트랜스젠더 옹호 교육을 진행하고 있다. 이 프로그램 또한 이른바 성소수자의 권리를 보호하고, 이들의 사회적 지위 확립 필요성을 외치는 기회를 제공함을 목표로 삼고 있다. 특히 어린이와 청소년들이 트랜스젠더를 자연스러운 것으로 받아들이며 성장하도록 교육함으로써 성별 교체에 관한 사회적 포용력을 키우는 것을 목표로 한다.

외신 보도에 따르면 그들은 DQSH 시간에 어린이들에게 동화책을 읽어 주고, 신체 접촉이 과한 놀이 활동까지 서슴지 않으며 청소년에게는 동성 간 안전한 성관계 방법과 여장 남자가 되기

미국 공립 도서관에서 드래그 퀸이 어린이와 청소년을 대상으로 성별 교체 옹호 교육을 하고 있다.[2]

나의 어여쁜 자야

위한 화장법 및 복장 기술 등을 알려 주기도 한다는 것이다. 청교도들이 기독교 정신으로 세운 미국에서 정작 '크리스천 북 스토리 아워(Christian Book Story Hour)'는 없는데, 동성애 옹호 교육에 이처럼 든든한 지원이 이뤄지고 있다는 사실이 아이러니가 아닐 수 없다.

영국에서 유래해 전 세계로 확산된 이 프로그램은 특히 방학 때마다 무료 독서 프로그램을 통해 어린 학생들과 드래그 퀸이 자연스럽게 만날 기회를 제공한다. 실제로 이런 종류의 성교육은 확실히 영향력을 발휘한 것으로 분석되었다. 최근 영국은 10년 사이에 성전환을 원하는 학생들이 폭발적으로 증가한 것이다.

미국 목회자들,
"드래그 퀸을 정상이라 가르치는 교육은 아동 학대다"

펜실베이니아에 본부를 둔 미국목회자네트워크(American Pastors Network; APN)는 화려한 분장, 독특한 화법, 표정, 몸짓 등을 보이는 드래그 퀸을 마주한 어린이들은 대부분 놀라움에 혼란스러운 반응을 보인다면서 이러한 교육 환경에 노출시키는 것은 명백한 '아동 학대'라고 규정했다. 드래그 퀸들이 어린이 앞에서도 성적인 발언과 표현을 가리지 않고 있다며 행사 참석을 원하는 보호자와 부모의 현명한 판단을 촉구했다.

목회자들은 마태복음 18장 2-6절을 근거로 볼 때, 어린이를 실족케 하는 것이 얼마나 무서운 죄인지 깨닫기를 거듭 강조했다.

> "또 누구든지 내 이름으로 이런 어린아이 하나를 영접하면 곧 나를 영접함이니 누구든지 나를 믿는 이 작은 자 중 하나를 실족하게 하면 차라리 연자 맷돌이 그 목에 달려서 깊은 바다에 빠뜨려지는 것이 나으니라" 마 18:5-6

나의 어여쁜 자야

성별 교체(gender transition)와 동성애(homosexuality)는 다르다

동성애(同性愛)는 영어로 '호모섹슈얼리티(homosexuality)'인데, 이는 동성을 향한 성적 끌림(sexual attraction), 동성과의 성행동(sexual behavior), 동성애자로서의 성 정체성(sexual identity) 등을 의미한다.

흔히 성적 지향(sexual orientation)을 세 가지로 구분한다. 남성과 여성의 성관계를 이성애(heterosexual love), 동성 간 성행위를 동성애(homosexuality, homosexual love), 동성과 성관계를 하지만 이성과의 성관계도 마다하지 않는 형태를 양성애(bisexuality)라고 한다. '성적 지향(sexual orientation)'이란 성적 끌림의 방향을 말한다. '성적 취향'

이란 용어가 너무 자의적이고 가벼우며 가변적이라는 느낌이 들
므로 성적 지향이라고 불러야 한다는 것이 이른바 '성소수자'를
옹호하는 자들의 주장이다. 그러나 애초에 성적 지향이라는 말은
없던 말이며 1990년대까지만 해도 성적 취향으로 표현되곤 했다.

그러나 성별 교체(gender transition)는 어떤 성별에 성적으로 끌리
느냐 하는 성적 취향에 관한 문제가 아니라 스스로 자신의 성별
을 무엇으로 인식하느냐, 즉 정체성에 관한 이슈다.

미국 질병통제예방센터(Centers for Disease Control and Prevention; CDC)
는 트랜스젠더란 "출생 당시의 성별과 자신의 현재 성별을 다르
게 인식하는 사람"이라고 정의하고 있다.[4]

● ●

나의 어여쁜 자야
● ●

타고난 성별을 학습으로 온전히 바꿀 수 있다는 거짓말의 희생자

▌쌍둥이 남자 형제에게 찾아온 그림자

1965년 8월 22일, 캐나다 위니펙에 사는 라이머(Reimer)의 가정
에 귀여운 쌍둥이 형제가 태어났다. 라이머 부부는 두 형제의 이
름을 각각 브루스(Bruce)와 브라이언(Brian)으로 짓고, 그들을 살뜰

히 보살피며 키웠다.

자넷과 로널드 라이머 부부는 쌍둥이 아들들이 7개월이 되었을 때, 포경 수술을 해 주기 위해 병원을 찾았다. 그런데 수술을 집도한 의사가 실수로 브루스의 음경에 큰 화상을 입혀 음경이 떨어져 나가는 끔찍한 사고가 일어났다. 이로 인해 브루스는 졸지에 음경을 잃고 성불구자가 되었고, 라이머 부부는 상심에 빠졌다. 아들이 남자로서의 삶과 결혼 등에 악영향을 받게 될 것을 우려하던 자넷 라이머는 성별 정체성과 생물학 등을 전문으로 하는 심리학자 존 머니 박사(Dr. John Money)를 알게 되었다. 그는 '젠더(gender)'란 타고나는 것이 아니라 사회화와 양육을 통해 습득되는 것이며 타고난 성별이 중요한 게 아니라 성역할, 즉 '젠더 롤(gender role)'로 성별을 정해야 한다는 이론을 펼치고 있었다.

결국 쌍둥이 형제의 부모는 머니 박사를 만났고, 박사는 그들에게 브루스를 아들이 아닌 딸로 기르는 것이 최선의 방법이라고

성전환을 통해 성 정체성을 인위적으로 바꿀 수 있다고 주장한 존 머니 성심리학자가 캐나다에서 태어난 쌍둥이 형제를 대상으로 실험을 하였다.
사진 제공: 존 콜라핀토, 《타고난 성 만들어진 성》(바다출판사. 2002)

나의 어여쁜 자야

설득했다. 부모의 동의를 받아 낸 머니 박사는 두 형제를 대상으로 하는 실험을 시작했다. 브루스는 그의 형제 브라이언이 자신의 성별대로 소년으로 길러지는 동안에 여자아이로 길러졌으며 이름도 브렌다(Brenda)로 바꾸었다. 브렌다는 22개월이 되자 고환까지 마저 제거하는 수술을 받았다.

■ 여자인 줄 알고 자란 남자아이, 브루스

존 머니 박사가 지시한 대로 부모는 브루스를 여자 브렌다로 만들기 위해 여자아이들이 좋아하는 인형과 장난감을 갖고 놀게 하였고, 예쁜 여자아이 옷을 입혔다. 브루스의 사고는 비밀에 부쳐졌다. 즉 브루스는 자신이 남자라는 사실을 전혀 모른 채 여자 브렌다로 길러진 것이다. 그를 여자로 만들기 위해 존 머니는 브렌다에게 에스트로겐까지 맞게 했다.

미국의 성심리학자 존 머니(John Money)다. 그는 어린 시절 사회적 학습에 의해 성 정체성이 결정된다고 주장했다.
사진 제공: 존 콜라핀토, 《타고난 성 만들어진 성》
(바다출판사, 2002)

쌍둥이 형제는 매년 몇 차례 머니 박사를 만났고, 박사는 브렌다의 성장 과정을 주기적으로 관찰했다. 동일한 유전자를 가진 두 사람, 즉 쌍둥이 형제가 처한 상황은 성별은 태생적인 것이 아니라 양육에 의해 정체성의 한 측면으로 정해지는 것이라는 그의 이론을 입증하기에 완벽했다. 그는 자신의 야망을 성취하기 위해 쌍둥이를 실험 모델로 삼았다.

그러나 문제가 자꾸 발생했다. 기대와는 달리 브렌다가 여성성보다는 남성성을 더 드러내기 시작했던 것이다. 그의 부모와 존 머니 박사도 알 수 있을 정도로 그는 남성적이었다.

테스토스테론, 즉 남성 호르몬의 주된 생산 기관이 적출된 지

부모는 존 머니의 지시로 쌍둥이 형제 중 브루스에게 브렌다라는 이름을 지어 주고 여자아이처럼 키웠다.
사진 제공: 존 콜라핀토,《타고난 성 만들어진 성》(바다출판사, 2002)

나의 어여쁜 자야

오래인 그에게서 남성성이 드러나자 머니 박사는 당황하기 시작
했다.

　브렌다가 예쁜 인형보다는 남자아이들이 좋아하는 게임이나
장난감을 더 좋아했기 때문에, 브렌다와 브라이언 남매는 같은
장난감을 가지고 함께 놀았다. 브렌다는 여성으로서의 정체성을
확고히 할 만한 그 어떤 모습도 보이지 않았다. 만일 브렌다가 완
벽한 여성으로 자라고 있다는 증거를 확보하지 못하면, 머니 박
사의 실험은 실패하게 되는 것이며 이는 그가 자신의 저서에서
주장한 "'젠더'는 사회화의 결과"라는 이론이 틀렸음을 입증하게
되는 것이다.

　머니 박사는 브렌다와 브라이언이 7살이 되자 그들에게 남자
와 여자의 차이에 관해 질문하고, 남녀의 성역할에 관해 가르치
는 등 성적인 실험을 강화해 나가기 시작했다. 브라이언의 기억
에 따르면, 여섯 살 때부터 시작되었다는 "삽입과 성관계 흉내 내
기 놀이"가 가장 끔찍했다. 머니 박사는 브라이언을 브렌다 뒤에
서게 하고, 누나(사실은 형), 즉 브렌다의 엉덩이에 브라이언의 음
부를 밀착시키는 자세를 취하라며 역할극을 시켰다. 그리고 이런
장면을 폴라로이드 사진으로 남겼다.

　그뿐만 아니라 서로의 성기를 관찰하도록 강요했으며 어떤 날
은 아이들을 발가벗기고 그들의 벗은 몸을 사진 찍기도 했다. 아
이들이 요구하는 대로 따르지 않으면 소리를 질러 대며 강하게
몰아붙였다. 쌍둥이는 '이러다 맞을 수도 있겠다'는 생각이 들었

다고 한다. 그러다 보니 아이들은 머니 박사를 만나는 시간이 싫어졌지만, 부모에게는 사실대로 말하지 못했다.

이 시기에 머니 박사는 브렌다를 더욱 여자처럼 보이게 만들고자 그의 성기 부분의 모양을 바꾸는 수술을 하도록 부모를 설득했다. 브렌다는 너무나 무서워서 그의 제안을 거절했다. 나중에 브렌다가 십 대가 되자 머니 박사는 자발적으로 수술을 받은 트렌스젠더 여성을 초대하여 마지막으로 수술을 설득했다.

그 일 후에 브렌다는 부모에게 머니 박사를 또 만나라고 하면 차라리 죽어 버리겠다고 말했다. 그 순간 부모는 아이들에게 진실을 말해 주는 것이 최선이라는 생각이 들었다. 부모는 두 아이를 각각 따로 데리고 나가 두 아이 모두에게 브렌다가 사실은 남자아이로 태어났다는 사실을 말해 주었다.

브렌다는 자신이 원래 남자로 태어났었다는 말을 듣고는 오히

자신의 성을 여자로 인식하고 자랄 때의 브루스와
가족이다.
사진 제공: 존 콜라핀토, 《타고난 성 만들어진 성》
(바다출판사, 2002)

나의 어여쁜 자야

려 깊은 안도감을 느꼈다. 그는 진짜 자신을 찾은 것처럼 행복해 했다. 그러나 브라이언은 누나 브렌다가 사실은 형이었다는 사실을 듣고 큰 충격에 빠져 어찌할 바를 몰라 했다. 결국 브라이언은 정신적인 충격을 이기지 못해 조현병에 걸리기도 했다.[5]

부모가 자녀들 몰래 아들을 딸로 만드는 일에 몰입하다 보니 모든 관심이 브렌다에게만 쏠렸고, 그러는 사이에 일란성 쌍둥이 형제 브라이언의 삶은 엉망진창이 되었다. 그는 십 대 시절부터 술과 마약에 빠졌으며, 도벽과 우울증에 시달렸고, 급기야 자살 기도까지 했던 것이다. 브라이언의 인생은 그야말로 밑바닥을 쳤다.

한편, 자신이 여자가 아니라 남자였으며 어릴 때 거세를 당하여 수년간 속아서 여자로 살아왔음을 알게 된 브렌다는 새로운 삶을 살기 위해 준비하며 스스로 데이비드(David)라는 새 이름을 지었다. 그가 그 이름을 선택한 데는 특별한 이유가 있었다. 데이비드는 남자답게 단순명쾌하고 견실한 이미지를 주는 이름인 데다가 천하무적 거인 골리앗을 물리친 다윗(영어로 David)을 통해 십수 년간 그를 여자로 만들려고 했던 세력과 맞서 싸워 승리한 기억을 떠올릴 수 있었기 때문이다.

초등학생 시절에 그는 자신이 또래 아이들과 다르다고 느꼈고, 남다른 성격 때문에 괴롭힘과 놀림 속에 왕따를 당하기도 했다. 하지만 이제 그는 자신을 남자로 받아들이며 자신의 정체성을 긍정적으로 포용하게 되었고, 그 덕분에 새로운 친구들을 사걸 수 있게 되었다.

그는 머니 박사가 수년 동안 처방해 준 에스트로겐 호르몬의 효과를 상쇄시키기 위해 테스토스테론 보충제를 복용하기 시작했다. 이어서 그는 호르몬제의 영향으로 생긴 여성형 유방을 제거하는 수술을 두 차례 받았고, 음경을 재건하는 성형 수술을 두 번 받았다. 또한 과거에 잘못된 포경 수술에 대한 보상금도 받았다.

데이비드는 세 자녀를 둔 제인 폰타네(Jane Fontane)라는 여성을 만나 사랑에 빠졌다. 제인과 결혼한 데이비드는 남편으로서 새로운 인생을 살며 행복해했다. 모든 것이 잘 풀리는 것만 같았다.

그러나 머니 박사의 일방적인 발표로 모든 것이 변하기 시작했다. 머니 박사는 사람들에게 데이비드가 여자가 되기를 원했고, 실험은 성공적이었다면서 사실과 전혀 다른 이야기를 발표했다. 데이비드는 자신이 경험했던 아픔을 다른 아이들도 겪지 않도록 사실을 알리려고 했고, 머니 박사의 거짓말을 공개적으로

수년간 의사가 처방해 준 여성 호르몬을 끊고 자신의 타고난 성 정체성을 포용하고 남자로서 새로운 삶을 살게 된 데이비드 라이머는 한 여성을 만나 결혼을 했다.
사진 제공: 존 콜라핀토, 《타고난 성 만들어진 성》(바다출판사, 2002)

나의 어여쁜 자야

밝히기 위해 그의 형제 브라이언에게 연락해 함께하자고 했다. 브라이언은 동의했고, 그들은 머니 박사와 얽힌 과거사에 관한 진실을 세상에 알렸다.

2000년 2월, 미국의 언론인 존 콜라핀토(John Colapinto)가 데이비드 라이머와 인터뷰한 내용을 바탕으로 쓴《이상한 나라의 브렌다(As Nature Made Him: The Boy Who Was Raised As a Girl)》가 베스트셀러가 되었다. 한 인간의 기구한 운명이 비로소 세상에 알려지기 시작한 것이다. 데이비드는 자신의 이야기를 알리기 위해 〈오프라 윈프리 쇼(Oprah Winfrey Show)〉, ABC 방송국의 〈굿모닝 아메리카(Good Morning America)〉 등 유명 TV 프로그램과 라디오 프로에 적극적으로 출연했다.

그러나 2002년에 브라이언이 항우울제 과다 복용으로 사망하

데이비드는 <오프라 윈프리 쇼>에 출연하여 인간의
성 정체성은 양육에 의해 형성된다는 존 머니의 실험
이 철저히 실패했음을 밝히고 있다.[6]

자 데이비드는 실의에 빠졌고, 결국 2004년 5월 2일에 자신도 머리에 산탄총을 쏘아 자살했다. 그의 나이는 38세였다.

존 머니 박사의 엽기적인 행각은 한 가정의 파괴로 그 막이 내렸다. 그런데도 많은 사람이 그의 거짓 선동에 여전히 속고 있다.

 * 위 글은 《이상한 나라의 브렌다》(알마, 2014) 등을 참조하여 요약 정리하였다.

나의 어여쁜 자야

트랜스젠더리즘이 성교육 안으로 들어오다

학교에서 무슨 성교육을 받았길래…

얼마 전 한 권사님이 당황해하며 급하게 상담 요청을 해 오셨다. 초경을 시작한지 얼마 안 된 초등학생 6학년 손녀가 자신의 성별이 헷갈린다고 하면서 여성으로 살고 싶지 않다고 했다는 것이다. 초등학교 6학년이면 자신의 성별에 대한 불만족이 어느 정도 생기기도 하는 때인 것을 권사님께 설명 드렸지만 권사님은 그 정도가 아니라 손녀는 "자궁을 없애 버리고 월경을 더 이상 하지 않아도 되는 남자가 되겠다"고 했다는 것이다.

또 손녀는 "학교 성교육 시간에 성별 고정 관념을 버리는 것이 중요하다는 것을 배웠어요. 성별 전환을 한 해외 유명 트랜스젠더들의 사례들을 그 시간에 접했어요. 정말 근사해 보였고 나도 여자가 아닐지도 모른다는 생각을 했어요"라고 말했다고 한다.

그 권사님은 처음에는 심각하게 여기지 않으셨다. 하지만 그 다음날 손녀가 비축해 둔 생리대를 통째로 쓰레기통에 버리는 것을 보고서야 사태의 심각성을 깨닫게 되었다.

"김 집사님, 도대체 학교에서 무슨 요란한 성교육을 받았길래 자신의 성별이 헷갈린다는 말을 하게 된 걸까요?"라며 권사님은 분통을 터트리며 도움을 요청하셨다.

자녀 출생신고서의 성별란에
'미정'이라고 쓴 트랜스젠더 부모

타고난 성별보다 스스로 마음속에 어떤 성 정체성을 가졌는가가 더 중요하다고 말하는 것은 위험하다. 지난 2017년 캐나다의 브리티시컬럼비아(British Columbia)주에서는 한 트랜스젠더가 자녀를 낳고 나서 출생신고서의 성별(sex)란에 남성이나 여성을 뜻하는 글자 대신 미결정(undetermined) 또는 미지정(unassigned)을 뜻하는 'U'를 써서 화제가 된 적이 있다.[7] 아기를 낳은 자신이 제3의 성이므로 "아이가 자라서 자신이 어떤 성별을 가졌는지 스스로 인지할 때까지는 (각종 서류에) 성별을 등록하지 않을 것"이라고 표기했

성별(sex)란에 '미정(undetermined)'이라고 쓰인 캐나다의 건강 보험 카드

고, 지방 정부에서 이를 승인한 것이다.

이것은 영적 엔트로피(entropy)를 폭증시키는 처사였다.

● ●

트랜스젠더가 될 것을 부추기는 환경들

재즈는 남자아이로 태어났다. 그런데 3살, 한국 나이로 5세가
되던 해에 여자로 성전환을 결심했다. 그 후 재즈는 수많은 토크
쇼에 나가고, 성전환에 관한 어린이 책을 쓰는 등 트랜스젠더 커

십 대 트랜스젠더인 재즈 제닝스(Jazz
Jennings)의 실화를 다룬 동화책 《I am
Jazz(나는 재즈야)》다.

남자로 태어난 재즈는 3세(한국 나이로 5세)
가 되던 해에 여자로 성전환을 결심했다.
사진은 재즈의 3세 때 모습이다.[8]

뮤니티를 알리기 위해 끊임없이 노력했다. 2014년에는 타임지가 선정한 '가장 영향력 있는 십 대 30인'에 들기도 했다.[9]

그런가 하면 아주 어린 아이들에게 친숙한 테디 베어 캐릭터를 이용하여 성전환을 긍정적으로 이해하게끔 따뜻하게 전개하는 동화책이 출간되어 아이들의 심령을 파고들고 있다.

수컷 곰 '테디'가 암컷 곰 '틸리'로 성전환하여 살아가고자 할 때, 이를 관용하고 지지해 주는 것이 진정한 우정이라고 가르치는 동화책 《Introducing Teddy (테디를 소개합니다)》다.

나의 어여쁜 자야

남자와 여자가 아닌 또 다른 성별을 추측해 보라는 성교육에 뿔난 학부모들

전술한 바와 같이 하나님이 사람을 "자기 형상 곧 하나님의 형상대로(창 1:27)" 창조하실 때 채택하신 방식으로 남자와 여자로 창조하시는 것임을 창세기를 통해 알 수 있다. 그 창조 원리 속에서 남자와 여자가 얼마나 다른지 뚜렷하게 구별된다.

그러나 유럽과 북미 등 많은 나라의 중·고등학교에서는 타고난 성별(biological sex)은 남자와 여자만 있는 것이 아니라 개인이 느끼는 자기 정체성대로 바꿀 수 있을 뿐 아니라 심지어 성별은 스펙트럼처럼 셀 수 없이 많고, 개인은 자신이 결정한 성 인식대로 성개념을 확장하고 다양화를 추구해야 한다고 교육하고 있다.

다음 그림은 미국 아이들이 성교육 시간에 자신의 성별이 어디쯤인지 적도록 암묵적인 강요 속에 교육받고 있는 모습이다.

가로줄을 긋고, 한쪽 끝을 남성(male) 100%, 다른 쪽 끝을 여성(female) 100%라고 한다면, 가운데는 남성 50%, 여성 50%쯤 된다고 가르친다. 양쪽 끝과 가운데, 세 지점 사이에는 남성 20%+여

자신의 성별이 어디쯤인지 추측하여 표시하도록 하는 미국 어느 학교의 성교육 시간의 모습이다.

성 80%, 남성 21%+여성 79%, 남성 22.8%+여성 77.2% 등 무수한 성 정체성이 있으니 그에 따라 자신의 성별을 추측해 보라고 한다. 그리고 성별의 종류는 "3개다", "4개다", "n개다"라는 식으로 규정할 수 없으며 스펙트럼처럼 무한히 많다고 가르침으로써 아이들에게 거짓 메시지를 주입한다.

이러한 성교육을 받기 전에는 남자와 여자로서 비교적 질서가 잡힌 바른 정체성을 찾아가던 아이들이 교육 후에는 자신의 성별 정체성을 송두리째 의심하곤 한다.

캘리포니아 성교육 실태를 탐방하러 필자가 가 본 그곳 공교육 속의 성교육은 충격적이었다. 현지의 성교육 강사는 그래픽 도구를 이용하여 성적 표현, 성별 정체성, 성적 지향 등을 통해

미국 캘리포니아 유치원에서 유아가 자신의 성 정체성을 스스로 알아보도록 가르치는데 사용되고 있는 성교육 자료, "The Gender Wheel"
사진 제공 : 성경적 성교육 에이랩

나의 어여쁜 자야

스펙트럼 혹은 무지개 색깔처럼 다양한 성별을 결정할 수 있다고 가르치며 학생들에게 각자 자신의 성별을 '추측(guess)'해 보라고 교육하고 있었다.

그것은 다트 모양의 성별 추측 보드였다. 신체, 정체성, 성적인 표현을 토대로 남녀 외에 여러 가지 성별을 추측해 보도록 돕는 이 도구는 가격이 저렴하고, 휴대가 간편하여 현지 성교육 강사들에게 매우 인기 높은 교육 자재라고 했다.[10] 그들은 이 같은 성교육 도구를 활용하여 청소년들이 자신의 성별을 더욱 강력히 의심하도록 돕고 있었다. 더 이상 성별을 남자와 여자로만 이분법적으로 생각하지 말아야 한다고 가르치고, 이분법적 사고방식은 다양한 성소수자들을 괴롭히는 혐오적 발상이라고 가르치고 있으니 문제다.

다트 모양의 성별 추측 보드로 교육을 받은 아이들은 교회와 가정에 돌아와서 이렇게 말하곤 한다.

"하나님이 사람을 창조하시되 남자와 여자만 창조하셨다고 말하는 것은 매우 이분법적인 고정 관념이라는 것을 배웠어요. 게다가 자신의 성별을 남자나 여자로 규정하지 않는 많은 성소수자들을 투명인간 취급하는 혐오 발언이라고 할 수 있대요."

아이들을 속이는 거짓 교육이 마침내 하나님의 말씀 자체를 부인하게 만든다는 사실을 알 수 있다.

2017년 4월, 캘리포니아 중학교 1학년 학부모들은 이러한 성교육 커리큘럼에 반대하는 투쟁을 벌였고, 1,600명 이상의 학부

모와 지역 주민들이 해당 성교육 커리큘럼 폐지 서명에 동참
했다.

미국 캘리포니아주의 팰로
앨토(Palo Alto) 학부모들이
혼란을 부추기는 성교육 커
리큘럼에 반대하는 투쟁을
했다. 11

섹스 vs 젠더

필자는 젠더 이슈가 뜨거운 현장을 많이 다니는 사람으로서
추상성 때문에 진리가 무너질 수 있다는 위기감을 느낀다. 추상
성은 상당한 잠재력과 포용성이 있지만, 자칫 "애매모호함" 혹은
"제멋대로 해석하기"의 길로 곤두박질칠 수 있기 때문이다. 진리
를 수호하기 위해 힘 있게 싸우려면, 용어의 뜻을 정확히 살펴볼
필요가 있다.

'젠더(gender)'가 왜 섹스(sex)보다 더 많이 쓰이게 되었을까? 우
리말로는 성(性)으로 똑같이 번역되지만, 젠더와 섹스는 그 개념
에 있어 차이가 있다.

영어 사전(《프라임 한영사전》)에서 섹스를 찾아보면, 우선 명사로

나의 어여쁜 자야

는 '성(性), 성별'이라는 뜻과 함께 집합적 의미에서의 '남성, 여성'을 뜻한다(양성도 추가되었다). 그 밑에 '성교, 성욕' 등의 뜻도 보인다. 형용사로는 '성의 차에 의한'과 '성적인'이라는 뜻이 있다. 동사로는 '(병아리의) 성을 감별하다'와 '성욕을 불러일으키다'라는 뜻이 있다.

명사	①성, 성별(性別)
	②남성, 여성
	③성관계, 성교, 성욕, 성기(genitalia)
형용사	①성의 차에 의한
	②성적인
동사	①성을 감별하다
	②성욕을 불러일으키다

　이처럼 여러 가지 뜻으로 쓰이는 탓에, 어떤 사람이 서류를 작성하는데, 이름(first name), 성(last name), 거주 도시(city), 성별(sex)을 묻는 칸에 각각 '길동', '홍', '서울특별시', '불만족'이라고 적었다는 우스갯소리가 있지 않은가. 즉 성관계를 묻는 줄 알고, 성별 칸에 '불만족'이라고 쓴 것이다. 이는 섹스라는 영어 단어가 여러 가지 품사와 의미로 쓰이기 때문에 벌어진 일이다. 누군가가 담벼락에 sex를 큰 글자로 낙서한 것을 볼 때, 민망함을 느끼는 이

유가 그 때문이다.

그런데 담벼락에 gender라고 낙서해 봤자 민망할 이유가 없다. 성관계와 관련된 뜻이 없으므로 그냥 '성별'로만 읽히기 때문이다. 따라서 민망하지 않으면서도 손쉽게 쓸 수 있는 젠더가 자주 쓰이게 되었다.

즉 애초에 섹스의 여러 가지 뜻 중에서 '성별, 성 구분'이란 뜻을 더욱 명확히 하기 위해서 젠더라는 명사가 사용되기 시작했던 것이다. 젠더가 다양한 성을 표현하는데 쓰이게 된 것은 라틴어 문법의 영향이 크다. 라틴어의 명사는 남성, 여성, 중성으로 구분되는데, 스페인어, 프랑스어, 이탈리아어, 포르투갈어 등이 라틴어 계통에 속한다. 이들 언어는 지금도 명사의 성을 구분하고 있다. 유럽과 미국에서는 섹스가 남녀 차별적인 어감을 준다는 이유로 젠더를 사용한다고 한다. 섹스보다는 젠더가 남녀 간의 대등한 관계를 의미한다고 보기 때문이다.

'젠더'는 사회적·선택적 기준에 따라 수십 가지 성별을 의미하여 위험하므로 '섹스'라는 단어로만 표기하면 (섹스는 남녀 생물학적 성별 즉 남녀 성별만을 표시하므로) 위험하지 않을 것이라는 생각은 다소 오류에 빠질 수 있다. 전술한 바와 같이 캐나다의 자녀 출생신고서에 이미 섹스를 '미정'이라고 적거나 혹은 네팔의 입국신고서 성별란에 '(남자 여자가 아닌) other'라고 표기하는 등 '섹스'라는 단어도 점차 오염이 되고 있기 때문이다.

교과서나 공문서에 '성별'이라는 우리말을 놔두고, '젠더'를 사용하는 것 역시 젠더 정체성을 생물학적 성별보다 우위에 두기 위한 포석으로 해석할 수 있으므로 성별 대신 젠더를 주로 사용하는 것은 매우 지양해야 할 바다.

섹스든 젠더든 성별이라는 것은 성경적, 생물학적 사실에 기인하여 남자와 여자 두 가지이며 남녀가 아닌 알 수 없는 여러 가지 성별이 있다는 주장 자체가 오류임을 지적하고 성별이 남녀 두 가지임과 그 차이점을 잘 교육하는 것이 중요하다.

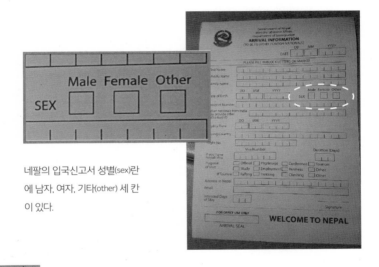

네팔의 입국신고서 성별(sex)란에 남자, 여자, 기타(other) 세 칸이 있다.

뉴욕 시민의 성 정체성은 31가지다?

서구의 성교육은 끊임없이 남녀 성별의 구분을 흐리게 하거나 거의 부정하는 쪽으로 가고 있다. 성별을 결정하는 기준을 네 가지 범주로 구분하여 가르치기도 한다. 먼저, 성 정체성(gender identity)을 설명할 때는 여자(woman)와 남자(man)를 놓고, 그 중간에 성적 소수자를 뜻하는 퀴어(queer)를 표시한다. 그러나 타고난 성과 상관없이 자신이 원하는 성을 표현하는 성표현(gender expression)에서는 여성과 남성이 아닌 여성스러움(feminine)과 남성스러움(masculine)으로 구분한다.

생물학적 성(biological sex)은 여성(female)과 남성(male) 사이에 간성(intersex)을 표시하는데, 이것은 잘못된 구분이다. 왜냐하면 간성은 전술한 바와 같이 성호르몬이나 성염색체의 이상으로 생식기의 선천성 기형을 보이는 희귀 질환을 뜻하는 생물학적 용어일 뿐, 제3의 성이 아니기 때문이다.

크리스천 양육자들이 우려하는 성별 논쟁은 한마디로 성별은 남과 여, 둘만이 아니라 훨씬 더 다양하게 구분될 수 있다는 주장

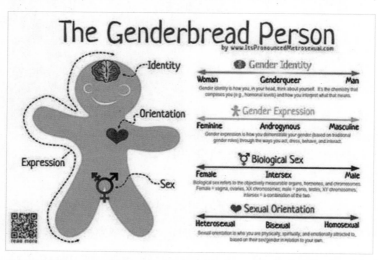

다양한 성별과 성 정체성에 대한 개념을 아이들에게 친숙한 '진저브레드맨'을 '젠더브레드맨'이라고 패러디한 그림을 이용해서 자세히 설명하고 있다.

나의 어여쁜 자야

과 그 성별이 유동적으로 변할 수 있다는 주장이 핵심이다. 예를 들어서, 뉴욕시는 사람의 성을 31가지로 세분하기도 한다. 매일 매일 새로운 맛을 볼 수 있다는 유명 아이스크림을 말하는 것이 아니다.

뉴욕시 인권위원회(New York City Commission on Human Rights)의 '성별 정체성 및 성별 표현에 관한 법 집행 가이드라인(Gender Identity/ Gender Expression: Legal Enforcement Guidance)'[12]은 젠더와 관련된 용어를 다음과 같이 정의하고 있다.

- 시스젠더(cisgender): 성별 정체성이 생물학적 성과 일치하는 사람들.[13]
- 성별 표현(gender expression): 이름, 인칭 대명사, 의복, 머리 모양, 몸가짐, 목소리 또는 신체 특징을 통해 표현되는 성별. 성별 표현은 남성 또는 여성으로 성을 구분하는 전통적 고정 관념과 일치하지 않을 수 있다.[14]
- 성별 정체성(gender identity): 사람이 내면 깊이 가지고 있는 성별에 대한 감각. 타고난 성별과 같을 수도 있고 다를 수도 있다.[15]
- 성별 불일치(gender non-conforming): 성별 표현이 전통적인 성별 관념과 일치하지 않는 사람을 설명할 때 사용하는 용어. 성별 불일치에 해당하는 모든 사람이 트랜스젠더인 것은 아니다. 반대로, 모든 트랜스젠더가 성별 불일치인 것도 아

니다.[16]

- **넌 바이너리**(non-binary): 성별 정체성이 완전히 남성이거나 여성만이 아닌 사람. 남성이나 여성의 요소들을 혼합한 (blend) 성별 정체성을 가진 사람 혹은 남성도 여성도 아닌 성별 정체성을 가진 사람.[17]
- **성별**(sex): 염색체, 호르몬, 내·외부의 생식기관, 얼굴 털, 목소리 톤, 유방의 발육, 성별 정체성(gender identity) 및 기타 특징들의 조합. 성별 정체성은 한 사람의 성별(sex)을 결정하는 일 순위(primary) 요인이다.[18]

생물학적 성별조차 이제는 염색체가 아닌 정체성이 일 순위라고 말하는 충격적인 정의까지 포함하고 있다.

뉴욕시 인권 위원회가 발표한 31가지 성별 정체성에 따른 성별 구별에는 남성(man)과 여성(woman)을 비롯하여, 양성(bi-gendered), 복장 도착자(cross-dresser), 여장 남자(drag queen), 남장 여자(drag king), 유동적인 성(gender fluid), 팬젠더(pangender) 등이 포함되어 있다. 유동적인 성이란 자신의 성별이 정해지지 않았다고 주장하는 사람을 가리키고, 팬젠더는 자신이 모든 성별에 속한다고 믿는 사람을 가리킨다.

2019년, 뉴욕시는 출생증명서의 성별란에 남성, 여성 외에 한 칸을 더 만들었다. 남성도 여성도 아닌 제3의 성을 표기하는 칸이 등장한 것이다.[19] 제3의 성은 'X'로 표시하는데, 부모가 신생

아의 성별을 표기해 주는 대신에 자녀가 자신의 성을 스스로 선택할 때까지 표시를 유보한다는 뜻이다.

이로써 뉴욕시의 출생증명서만 본다면, 창세기 1장 내용은 틀린 것이 된다. 뉴욕시의 행보를 지지하는 사람들은 하나님이 사람을 창조하실 때, 남자와 여자 및 여러 다양한 성을 만드셨다고 해야 하는데, 성경이 성소수자를 무시하고 누락시켰다고 말한다. 또한 성은 고착되지 않고, 바뀔 수 있다고 주장한다.

이렇듯 남녀뿐 아니라 다양한 성을 인정하자는 주장은 결국 큰 혼란을 가져오며 정체성에 따라 성별 가짓수 늘리기, 즉 세분화를 반복한다. 예를 들어서, 성별 정체성의 다양성을 주장하는 이들은 트랜스젠더(transgender)도 MTF와 FTM 두 가지로 구분

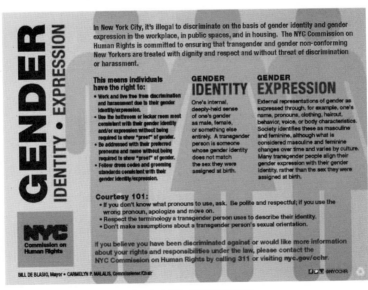

뉴욕시가 성 정체성과 성표현에 관한 법적 집행 지침을 정리하였다.

한다. MTF는 '남자에서 여자로(male-to-female)'를 뜻하고, FTM는 '여자에서 남자로(female-to-male)'를 뜻한다. 성전환 수술을 했느냐 안 했느냐에 따라서 수술을 안 한 트랜스젠더와 성전환을 마친 성전환자(transsexual)로 나누기도 한다. 어떻게 나누느냐에 따라 수십 가지에서 수백 가지까지로도 세분화될 것이다. 성의 구분이 모호해지면, 급기야 동성애나 이성애라는 단어도 사라지게 될 것이다. 성별 자체를 해체하는 시대가 오는 것이다.

거짓 메시지 속에서 공포에 떠는 아이들, "내 성별이 바뀌어 버리면 어떡하지요?"

성별을 고를 수 있고, 타고난 성별을 온전히 바꿀 수 있다는 거짓말을 인권의 영역에 포함시키는 정책이 자리를 잡는다면, 가장 먼저 문제가 되는 곳이 바로 교육 부문이다. 공교육에서 학생들에게 성이란 스스로 선택할 수 있는 것이고, 자신의 성 정체성을 스스로 선택한 친구가 있다면, 그의 마음을 있는 그대로 용인해야 하며 차별해서는 안 된다고 가르쳐야 하는 상황이 벌어지게 되기 때문이다. 실제로 이러한 상황에 놓인 캘리포니아의 학부모들은 고통의 비명을 지르고 있다. 2019년 2월 중순, 급기야 그들은 급진적 젠더 교육을 반대하기 위해 등교 거부 운동(Sit Out)을 벌여야만 했다.[20]

일부 급진적인 성교육 교사들은 성별은 남녀 두 가지가 아닌 여러 가지이며 흰동가리의 성별이 바뀌듯이 인간도 성별이 바뀔 수 있다고 가르친다. 더 나아가 "남자와 여자의 성별은 바뀔 수 없으며 성염색체 등을 기반으로 정해지는 것"이라는 표현은 이분법적 성 고정의식을 그대로 드러내는 잘못된 표현이며 타고난 성별과 자신의 성별 정체성이 일치하지 않는 트랜스젠더들을 향한 폭력적인 표현, 즉 혐오 표현(hate speech)이라고 교육한다.

그 와중에 미국에서는 자신의 성별이 다른 성별로 바뀌어 버릴까 봐 공포를 느끼는 아이들이 서서히 생겨나고 있다. 캘리포니아에서 초등학교에 다니는 로지라는 아이의 사례가 CGNTV를 통해 전파를 탔다.[21] 어느 날 학교를 다녀온 로지는 엄마를 붙잡고 울기 시작했다. 이유인즉 "나도 언젠가 남자로 변할 수 있다는 것이 무섭다"는 것이었다. 자초지종은 이랬다.

수업 중간 쉬는 시간에 로지는 작년부터 친구였던 맥스라는 남자아이를 만났다. 반가워서 맥스의 이름을 부르며 반갑게 인사했지만, 왠지 맥스는 당황해하며 말을 잇지 못했다. 그때, 맥스 옆에 서 있던 친구가 "저 아이의 이름은 맥스가 아니라 매기야"라고 말했다. 맥스는 이제 남자가 아니라 여자라는 것이었다. 로지는 이 말을 듣고 큰 충격을 받았다. 분명히 그 아이는 맥스라는 이름의 남자아이였는데, 이제는 더 이상 남자가 아니며 여자로 바뀌었다는 말에 로지는 그럴 리가 없다고 말했다.

로지는 충격에서 헤어나오기도 전에 교장 선생님에게 불려 갔다. 그리고 선생님 앞에서 맥스를 놀릴 마음이 없었음을 밝혀야만 했다. 남자가 여자가 될 수 없다는 보편타당한 사실을 믿고 자연스러운 반응을 했던 로지가 오히려 사과하고 해명해야 하는 상황이 된 것이다.

로지가 "맥스를 맥스라고 안 부르면, 뭐라고 불러요?"라고 교장 선생님에게 질문하자, "매기(맥스의 여자 이름)는 남자보다 여자가 되길 원했기 때문에 이젠 여자다"라고 말하며 타고난 성별이 아닌 자신이 정한 성이 우선시된다고 대답했다.

교장의 잘못된 교육은 거기서 끝나지 않았다. 남자가 여자가 된다는 거짓말에 충격받고 혼란스러워하는 어린 로지를 교장실에 붙들어 놓고는 맥스가 왜 매기가 되었는지에 관해 장황하게 설명을 이어 갔다. 남자든 여자든 자신의 성을 고를 수 있으며, 사람은 다양하니까 다양한 성별 또한 인정해야 한다고 가르쳤다. 교장의 거짓 교육은 확실히 효과가 있었다. 결국, 로지는 교장의 가르침을 그대로 받아들이게 되었고, 집에 와서 자신의 성별도 남자로 바뀔까 봐 무섭다고 울며 엄마에게 매달린 것이다.

로지가 공연한 걱정을 했던 것일까? 실제로 캘리포니아 공교육 현장에서 벌어지는 일을 들어보면, 로지가 느끼는 공포는 지극히 당연한 것이다. 거짓된 성교육은 아이들의 심령 깊은 곳까지 병들게 하고, 깊은 혼란에 빠져들게 한다. 학부모들은 "로지는 사실상 정서적 학대를 당한 셈이다. 남자가 여자로 변할 수 있다는 거짓말에 세뇌당하고, 영적인 정신 분열에 빠지도록 하는 것이 아니냐"며 분통을 터뜨렸다. 비단 로지뿐일까? '남자보다 여자가 되길 원하면, 여자가 되는 것'이 당연하다고 배우는 아이들 전체가 사실 로지 못지 않게 상당한 혼란과 분노를 경험하고 있을 것이 자명하다.

2019년, 우리나라 국회에서 국가인권위원회법 개정안이 발의되었다. 44명의 국회의원이 차별 금지 사유 중 "성적 지향" 항목을 삭제하고, "성별은 개인이 자유로이 선택할 수 없고 변경이 어려운 생래적, 신체적 특징으로서 남성 또는 여성 중의 하나를 말한다"는 문구를 추가한 것이다.[22] 쉽게 말해서, 성별은 마음대로 정하는 게 아니라 성염색체에 따라 남녀 성별을 구별해야 한다는 뜻이다.

그러자 트랜스젠더리즘을 옹호하는 쪽에서 "이 개정안은 개인이 원하고 느끼는 대로 성별을 정하는 것을 인정하지 않는 혐오적인 법안"이라며 맹비난했다.[23]

우리는 묻지 않을 수 없다. 과연 그들의 주장대로 자신의 성을 자유롭게 선택할 수 있도록 법제화한다면, 인간에게 진정한 자유가 주어지는 것일까? 타고난 성을 받아들이고 순리대로 사는 것이 인간을 괴롭히는 맹목의 프레임이란 말인가? 답은 분명하다. 그렇지 않다.

로지 같은 아이는 캘리포니아에 한둘이 아니라고 한다. 이러한 일이 벌어지기 전에 하나님은 사람을 여자와 남자로 창조하셨고, 성별은 하나님의 창조 섭리 속에 절대로 바뀔 수 없다는 것을 합리적이며 과학적으로 교육해야 한다. 하나님의 질서를 깼을 때 돌아오는 부메랑은 공포와 불안, 영적 분열이다.

성별은 남자와 여자 두 가지만 있다고 말하는 것이 그렇게 큰 죄인가?

"내 백성이 지식이 없으므로 망하는도다" 호 4:6상

하나님으로부터 오는 진정한 지식이 없는 백성은 결국 망하며 그 자녀들도 그렇게 된다. 성별은 남성과 여성 두 가지라고 말하는 것이 죄인가? 우리 자녀들이 직면하고 있는 문제다. 2019년 6월, 매우 우려스러운 영상이 공개되었다. 영국 스코틀랜드의 한 학교에서 수업 중에 머레이(Murray)라는 남학생이 말 한마디 때문에 교실 밖으로 내쫓기는 일이 벌어졌다. 당시 상황이 30분 분량의 영상에 고스란히 담겨 있었다.[24]

머레이가 도대체 무슨 말을 했길래 수업 시간에 많은 학생 앞에서 쫓겨나는 수모를 당해야 했을까? 알고 보니, 당시 남학생이 했던 말은 "성별은 남자와 여자, 이렇게 두 가지만 존재한다"는

나의 어여쁜 자야

것이었다.

해당 영상에서 머레이가 "왜 내가 교실에서 쫓겨나야 하죠?" 하고 묻자 교사가 "너의 발언은 포괄적이지(inclusive) 못했으니까" 라고 대답하며 윽박질렀다. 머레이는 "성별이 두 개라고 말한 것이 왜 포괄적이지 않다는 거죠?"라고 항변했고, 교사는 "이것은 내 의견인 동시에 학교의 의견이기도 하다"고 말했다. 머레이가 이에 굴하지 않고 "성별은 두 개예요"라고 말하자 교사가 점점 화를 내며 짜증을 냈다. 교사는 "나는 내 의견이 아닌 스코틀랜드 국립 학교 정책이 무엇인지 밝힐 뿐이야"라고 말했다. 머레이가 "그 정책은 과학적이지 않아요"라고 말하자 교사는 "모든 정책이

class for saying there're only two genders

'I'm simply saying there are two genders: Male and female,' the student insisted in a video he filmed of the event.

Wed Jun 19, 2019 - 1:49 pm EST

수업 시간에 "성별은 두 가지뿐"
이라고 말했다는 이유로 학생을
내쫓은 스코틀랜드의 교사

과학적이라고 할 수는 없어"라고 대답했다.

이처럼 스코틀랜드의 교사는 성별이 두 개라고 말한 학생의 말을 정책에 위반한 내용이라고 서슴없이 치부하고는 학생을 교실 밖으로 내몰아 불이익을 가하고 말았다.

미국 펜실베이니아 인디애나대학교(Indiana University of Pennsylvania)에서도 그와 비슷한 일이 벌어졌다. 2018년 2월 28일, 앨리슨 다우니(Alison Downie) 교수의 "기독교: 자기, 죄 그리고 구원" 시간에 레이크 잉글(Lake Ingle)이란 학생이 "세상에 성별은 단 두 개뿐"이라는 내용 등을 포함한 발언을 했다가 강의실에서 쫓겨난 것이다. 폭스 뉴스에 따르면, 레이크 잉글은 종교학 전공자로 5월 졸업을 앞둔 상황이었다.

당시 다우니 교수는 학생들에게 성별 간 임금 격차를 언급하며 "72개의 성별이 있다"고 말했으며, 의견이나 질문 있으면 발표하라고 말했다. 그러자 레이크 잉글이 "생물학자들의 공식 견해는 단지 두 개의 성별만 있다는 것이다. 그들은 '72개의 성별'에 대해 동의하지 않는다"는 내용의 발언을 했다.

다우니 교수는 '수업 방해'를 이유로 그를 학업청렴위원회(Academic Integrity Board; AIB)에 고발하고, 그가 "트랜스젠더 정체성과 타당성에 대해 무례하게 반대했다"면서 그에게 적절한 징계를 내려 줄 것을 요구했다.[25]

당시 언론은 졸업반인 잉글이 해당 수업에 참여할 자격을 잃으면 졸업할 수 없게 될 상황이지만, 잉글은 위원회의 권면을 거절하고, 오히려 다우니 교수의 처사가 잘못되었다고 항의한 상태라고 보도했다.

우리나라의 교육은 안전한가?

우리나라의 상황은 어떠한가? 〈경기도 학생 인권 조례〉를 보면, 1장 1조(목적)에 "이 조례는 「대한민국헌법」 제31조, 「유엔 아동의 권리에 관한 협약」, 「교육기본법」 제12조 및 제13조, 「초·중등교육법」 제18조 4항에 근거하여 학생의 인권이 학교 교육 과정에서 실현될 수 있도록 함으로써 인간으로서의 존엄과 가치 및 자유와 권리를 보장하는 것을 목적으로 한다"고 쓰여 있다. 조례의 근거가 된 「교육기본법」 제3장 제17조 2항을 보면, 부제가 '남녀평등 교육의 증진'이다.

그럼에도 불구하고 2015년에 교육부가 발표한 〈학교 성교육 표준안〉에 성별은 남자와 여자만이 아닌 여러 가지 성별이 있다는 내용이 포함될 뻔한 위기가 있었다. 우리나라의 대표적인 두 여성 단체가 이에 대해 교육부에 민원을 제기하며 "한국 사회의 왜곡된 성문화를 변화시키고 성평등한 사회를 만들기 위해 노력하는 시민 단체로서 학교 성교육 표준안을 살펴본 결과 학교 성교육 표준안이 인권 침해와 차별 행위를 야기할 수 있다고 판단"한다고 주장했다.

그 의견서에는 "성을 여성과 남성으로 이원화하고 성적 관계를 이성애적 관계로 한정하면서 다른 생물학적 성, 성별 정체성, 성적 지향 등을 모두 배제해 아동·청소년이 자신의 성적 자아를 탐색하는 것을 가로막을 뿐 아니라 그 자체로 인권침해"라고 서술되어져 있다.

또한 "성을 여성과 남성, 두 성별의 관계로 다루면서 다른 성별에 대한 언급이 전혀 없고, 성적 지향과 성별 정체성을 윤리적·정신적 문제로 규정하는 등 철저히 배제함"이 문제라고 지적했다.

즉 '남녀'라고만 표시함으로써 '다른 성별'을 포괄적으로 교육하지 않고 두 가지 성별로만 이원화 시켰다는 것이다. 그들이 문제시한 '다른 성별들'에 대한 언급이 없는, 즉 문제가 있다고 지적한 부분은 다음과 같다.

- '성(性)은 생물학적 측면의 성(sex)과 사회적 측면의 성(gender), 두 가지 면에서 남성과 여성으로 구분된다'(유치원 17차시)
- '성은 남녀의 관계'(고등 1차시)
- '성은 남성(아빠)'과 '여성(엄마)'의 혼인과 관련한 일(유치원 1~3차시)
- '남자와 여자가 함께 생활하면서 일어나는 일'(초·중 1차시)
- '성교육은 남녀가 서로 사랑하며 도우면서 어떻게 살아가

나의 어여쁜 자야

야 하는지에 대해 깨닫도록 하는 교육'(중등 1차시)

우리 사회가 점차 타고난 '성별'보다 성별에 대한 개인의 '정체성'을 중시하는 방향으로 가고 있다. 이런 식의 물 타기는 위험하다. 후천적인 성이든 허구의 성이든 사회적인 성이든, 있지도 않은 성을 이름 지어 불러서는 안 된다. 교육과 연구는 다르다. 특히 기본적인 공교육 현장이 무책임한 실험의 장소가 되어서는 안 된다.

부천에서 성경적 성교육 강사로 활동하고 있는 박경미 소장은 "결국 우리 아이들에게 성별이 남녀뿐 아니라 여러 가지라고 가르치라는 의견서군요?"라고 분통을 터트렸다. 또 "그들 주장대로 성별이 남녀 외에도 여러 가지가 있다고 교육했을 때 그럼 왜 출생증명서 성별란은 두 개냐고 물어보면 뭐라고 대답해야 하나요?"라고 질문했다.

인간은 과학의 발달과 인문학의 발전에 스스로 자부심을 느끼지만, "하나님을 아는 지식(호 4:1)"이 없는 지식의 축적은 마침내 사람의 성별이 남녀 두 가지인지 수십 가지인지도 알지 못하는 상태로까지 인간을 몰아갈 수 있다.

"여호와를 경외하는 것이 지식의 근본이거늘 미련한 자는 지혜와 훈계를 멸시하느니라" 잠 1:7

성별 정정 요건을 대폭 완화한 우리나라 대법원[26]

2020년 3월 16일, 대법원은 '성전환자의 성별 정정 허가 신청 사건 등 사무 처리 지침'을 일부 개정하였다. 성전환에 관심이 많은 디지털 세대가 성전환 방법에 관해 검색하는 요즘, 우려스러운 결정이 내려진 것이다.

그동안 우리나라에서 성별을 바꾸기 위해서는 가족관계증명서, 2명 이상의 정신과 전문의의 진단서나 감정서, 성전환 시술 의사의 소견서, '앞으로 생식 능력이 없다'는 전문의의 감정서, 2명 이상의 성장 환경 진술서 및 인우 보증서 등 5가지 서류를 필수로 제출해야 했다. 그러나 개정된 지침에서는 '2명 이상'이라는 구절이 삭제되었다. 전문의의 감정서나 성장 환경 진술서는 1명으로 충분하다고 본 것이다. 또한 서류들은 '필수 제출'이 아닌 '제출 가능'으로 변경되어 참고용으로 쓰이게 되었다.

그밖에 성전환 시술 의사 명의의 소견서를 첨부할 수 없는 경우에는 이유를 소명해야 한다거나 성장 환경 진술서에 신청인의 성장 시기별 이성 관계를 포함한 대인 관계에 관한 구체적인(일시적인 마음의 요동이 아닌 오랜 기간 성별 정정의 필요성이 있었음을 알 수 있도록 돕는) 진술이 포함돼야 한다는 세부 내용도 모두 삭제되었다.

결국 이번 개정으로 인해 성전환 수술을 하지 않더라도 성별 정정 결정을 받을 수 있는 길이 열리게 되었다. 성별 정체성을 이유로 한 차별을 금지하는 '차별금지법'이 아직 입법되지 않았음

나의 어여쁜 자야

에도, 우리 대법원은 성별 정정 요건을 대폭 완화하였다. 그러나 사법부가 법률이 아닌 대법원의 '사무 처리 지침의 개정'을 통해 성별 결정 기준을 변경하려고 하는 것은 입법권의 침해라는 비판이 일고 있다. 이 부분은 반드시 재개정되어야 할 것이다.

한국 학부모들, 성별에 혼란을 주는 교육에 제동을 걸다

타고난 성별, 즉 과학적으로 입증되는 성염색체의 차이 등 생물학적으로 뚜렷한 남녀 차이 혹은 성경적 기준이 중요한 게 아니라 자신이 원하고 느끼는 성별이 중요하다고 강조하는 교육이 교과서를 통해 서서히 발톱을 드러내는 것 아니냐며 우리아이지킴이학부모연대(대표 곽명희) 소속의 박영라 실행위원이 우려를 표했다.

2020년 2월 11일, 국회의원회관 제2소회의실에서 "성교육이 미쳤다"라는 제목으로 열린 현 성교육 실태 보고 토론회에서 박영라 실행위원은 동화사에서 출간한 2009년 교육 과정의 중학교 〈보건〉 교과서 76~77쪽에 성적 정체성이 흔들리는 아이들의 마음을 자칫 더 흔들어 댈 수 있는 표현들이 다수 포함되어 있다고 우려하며 "학교 교육 현장은 규명이 안 된 실험적 논리들을 펼치는 장이 되어서는 안 된다. 십 대 청소년들이 '정체성에 따라, 지향성에 따라 성별이 여러 가지가 있나 보다' 하고 혼란에 빠질 만한 이론들을 교과서에 수록해서는 안 된다. 오히려 교과서는 타고난 성별을 바꿀 수 있는 의학적 방법이란 실제로 없으며 타고난 자신의 성별을 긍정하고 감사하는 교육을 해야 한다"고 주장했다.

박 위원은 그 외에도 들샘출판사가 펴낸 고등학교 〈보건〉 교과서(2009) 87-88쪽, 천재교과서가 출간한 중학교 〈보건〉 교과서(2015년 교육 과정) 65쪽, 금성출판사가 펴낸 중학교 〈도덕〉 교과서(2009년 교육 과정) 103쪽, 교학사가 펴낸 중학교 〈도덕〉 교과서(2015년 교육 과정) 147쪽, 비상교육이 펴낸 고등학교 〈생활과 윤리〉 교과서(2009년) 80쪽, 동화사가 펴낸 중학교 〈보건〉 교과서(2015년 교육 과정) 63쪽 등에서도 문제가 발견되었다며 해당 페이지를 공개했다. 해당 내용은 타고난 성별 외에도 마치 다른 성별, 즉 본인이 느끼고 끌리는 바에 따른 또 다른 성별 결정의 영역이 있는 것 같은 착각을 불러일으키는 것들이었다. 그러나 다행히도 이 내용들은 학부모들의 건의로 교과서 개편 과정에서 일부 개정될 예정이라고 한다.

박영라 실행위원은 우리나라 교과서가 학생들의 건강한 성별 정체성을 흔들어 놓는 해외 성교육을 그대로 따라가는 듯하여 학부모로서 우려할 수밖에 없다고 말했다. 포럼 이후 박 실행위원과 이야기를 좀 더 나눌 기회가 있었다. 성도이기도 한 그는 성경적 성교육 강사가 되기 위해 국내 기독교 성교육 강사 양성 프로그램인 에이랩[27](ALAF. Awesome Life Awesome Family)에 등록하여 성교육자의 길에 들어섰다.

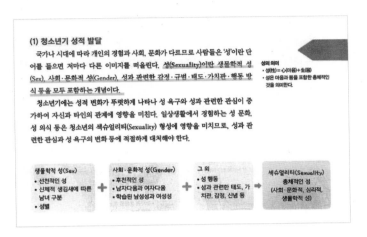

(1) 청소년기 성적 발달

국가나 시대에 따라 개인의 경험과 사회, 문화가 다르므로 사람들은 '성'이란 단어를 들으면 저마다 다른 이미지를 떠올린다. 성(Sexuality)이란 생물학적 성(Sex), 사회·문화적 성(Gender), 성과 관련한 감정·규범·태도·가치관·행동 방식 등을 모두 포함하는 개념이다.

청소년기에는 성적 변화가 뚜렷하게 나타나 성 욕구와 성과 관련한 관심이 증가하여 자신과 타인의 관계에 영향을 미친다. 일상생활에서 경험하는 성 문화, 성 의식 등은 청소년의 섹슈얼리티(Sexuality) 형성에 영향을 미치므로, 성과 관련한 관심과 성 욕구의 변화 등에 적절하게 대처해야 한다.

성의 의미
· 성(性) = 心(마음) + 生(몸)
· 성은 마음과 몸을 포함한 총체적인 것을 의미한다.

생물학적 성(Sex)
· 선천적인 성
· 신체적 생김새에 따른 남녀 구분
· 성별

+

사회·문화적 성(Gender)
· 후천적인 성
· 남자다움과 여자다움
· 학습된 남성성과 여성성

+

그 외
· 성 행동
· 성과 관련한 태도, 가치관, 감정, 신념 등

=

섹슈얼리티(Sexuality)
총체적인 성
(사회·문화적, 심리적, 생물학적 성)

표 1-1. 섹슈얼리티(Sexuality)의 6가지 범주

생식 건강과 생식기 (Reproductive Health and Genitals)	사춘기, 성매개 감염병, 임신, 가족계획, 폐경, 위생 등의 측면을 다룬다.
성 역할 및 성 정체감 (Gender Role and Identity)	우리가 남성성 혹은 여성성에 대해 어떻게 느끼고 그것을 어떻게 표현할 것인지에 관한 것이다.
관계 (Relationships)	성과 관련된 행동, 기대, 만족뿐만 아니라 성폭력도 해당된다.
사랑과 애정 (Love and Affection)	우리가 이성에게 어떻게 사랑을 표현하며, 가족, 친구 등에게 어떻게 애정을 표현하는지에 관한 것이다.
신체 이미지 (Body Image)	우리의 몸에 대해서 스스로 어떻게 느끼며 좀 더 매력적인 신체로 가꾸기 위해 노력하는지에 관한 것이다.
성적 지향 (Sexual Orientation)	우리가 어떤 사람에게 성적인 매력을 느끼는지에 관한 것이다.

[출처: 손애리·이효진, 새로 쓰는 성교육, 피시픽북스, 2009]

성별 정체성과 성적 지향에 따라 성별이 다양할 수 있다
고 가르치는 중학교 보건 교과서.

타고난 성별을 바꾸는 마술은 없음을 교육하라

남자가 되겠다며 성별 교체 상담을 받은 여학생들이 4,000% 이상 폭증

2018년 9월, 영국의 보수 언론 〈선데이익스프레스(Sunday Express)〉가 매우 놀라운 뉴스를 보도했다. 영국 내에서 호르몬 주사와 같은 '성전환 시술(gender treatment)'에 관해 의사들에게 내담을 요청해 온 청소년이 2009~2010년에는 97명에 불과했으나 2017~2018년 사이에 2,510명으로 늘었다는 것이다.

실제로 2008년만 해도 40명의 여학생이 성전환 상담을 받았지만, 2018년에는 1,806명으로 늘어나 4,515%나 증가한 상황이다. 같은 기간에 남학생은 56명에서 713명으로 증가했다. 더욱 심각한 것은 2017년에서 2018년까지 성전환을 상담한 아동 중 45명이 6세 이하였으며 그중 4살짜리도 있었다는 사실이다.[28]

텔레그래프(Telegraph)지는 "타고난 성별을 바꾸려는 아이들이 4,000%나 증가한 이유를 조사하라고 장관이 명하다"라는 기사를 보도했다. 이에 따르면, 여성평등부 페니 모돈트(Penny Mordaunt) 장관은 대중매체의 영향으로 아동이 성전환에 관심을 보이는 일이 급증한다고 판단하고, 그 원인을 면밀히 조사할 것을 당부했다. 해당 기사는 이에 관계자들이 어린이들이 성전환을 원하게

Minister orders inquiry into 4,000 per cent rise in children wanting to change sex

(f share) (🐦) (✉)   🔖 💬
                                      Save 57

성별 교체를 원하는 아동이 불과 10년 사이에 4,000% 이상 증가한 이유를 조사할 것을 명한 영국 여성평등부 페니 모돈트 장관.

된 중요한 원인 제공 경로로 소셜 미디어 및 학교에서 성전환을 교육 이슈로 삼는 것을 꼽고, 그것들에 대해 관계자들이 면밀히 조사하기로 했다고 전했다.

사실 상황이 이렇게 악화되기 전에 많은 교육 전문가들이 학교에서 성전환 이슈를 홍보하는 것은 청소년들에게 혼란을 줄 뿐이라고 이미 경고한 바 있다. 학교가 어린 학생들에게 자신의 타고난 성별마저 의심하도록 교육한다는 지적이었다.[29]

타고난 성별로 돌아가고 싶다는 사람들

최근 들어 영국에선 성전환을 선택한 것을 후회하는 트랜스젠더들이 증가하고 있다. 영국 태비스톡&포트만 NHS 재단(Tavistock and Portman NHS Foundation Trust)은 청소년을 위한 유일한 관련 클리

닉이자 정신분석 연구소다. 이 연구소가 제공한 자료에 따르면, 최근 10년 만에 성전환자가 3,200% 증가하고, 여학생만 놓고 봤을 때 4,000% 이상 성전환 사례가 증가했다.[30]

그러나 성전환 쓰나미 속에서도 반작용이 나타나고 있다. 성전환이 가능하다고 착각한 채 생식기 적출 등 자신의 몸을 훼손한 것을 후회하고, 원래의 성별로 돌아가고자 하는 트랜스젠더들이 등장하기 시작한 것이다.

2019년, 28세가 된 찰리 에반스(Charlie Evans)는 원래 여성으로 태어났지만, 남자가 되기로 선택하고 청소년기를 지나면서 10년간 남자로 성전환을 시도하며 살았다. 하지만 최근에 다시 본래의 성별로 돌아가는 것이 옳다는 결론에 다다랐다고 밝혔다.

그는 뉴스 프로그램에 출연하여 자신의 성전환이 잘못된 것이었다고 말했다. 그리고 원래의 몸으로 돌아가고자 하는 노력을 공개했다. 공식 석상에서 자신의 이야기를 풀어내는데 큰 용기가 필요했을 텐데, 그녀는 자신의 경험을 기꺼이 공개하며 다른 사람들이 같은 실수를 범하지 않기를 진심으로 바라며 당부했다.

방송 출연 후에 에반스에게 수백 명의 젊은이들로부터 연락이 쏟아졌다고 한다. 그들은 트랜스젠더가 된 것을 후회하는 젊은이들이었는데, 자신들도 원래 타고난 성별로 돌아갈 수 있도록 도와 달라고 요청해 왔다고 한다. 그렇게 탈성전환을 결심하여 연락해 온 젊은이들 중에는 특히 20대가 많았다. 이는 청소년기에 성급하게 성전환을 선택했다가 후회하는 사람들이 많다는 것을

나의 어여쁜 자야

의미한다. 에반스는 남자가 되기 위해 호르몬제를 복용한 결과, 앳된 얼굴에 턱수염이 수북이 난 상태로 도움을 요청해 온 소녀를 언급하기도 했다.

찰리 에반스는 성별 정정을 원하는 많은 사람이 숱한 부작용을 겪으면서도 투약하는 화학 호르몬제가 성별을 바꾸어 주지도, 행복감을 주지도 못하며 결론적으로는 아무런 도움이 되지 않는다고 말한다. 괴로움만 깊어질 뿐, 신체 일부분이 남성처럼 보이게 다소 바뀐다고 해도 생물학적 성별 자체가 남성으로 바뀌지는 않더라는 것이다. 그녀는 자신의 타고난 성별을 받아들이기로 했다. 에반스는 자신과 같은 사례가 많음을 확인하고, 자신처럼 원래 성별로 돌아가고 싶어 하는 사람들을 위해 〈성전환 탈출 지지 네트워크(Detransition Advocacy Networks)〉를 설립했다.

원래 여성으로 태어난 찰리 에반스는 10년간 남자로 살다가 최근에 다시 여성으로 돌아갔다(2019. 11. 16. <데일리텔레그래프(The Daily Telegraph)>에 실린 모습)[31]

여자로 태어난 데비는 약 20년 전(당시 44세)에 남자로
성전환 수술을 받았다. 이름을 리(Lee)로 바꾸었으며,
17년 동안 테스토스테론을 복용했다. 왼쪽은 데비일
때이고, 오른쪽은 리의 모습이다. 현재 62세가 된 그녀
는 다시 타고난 성별, 즉 여성으로 돌아왔다.[32]

나의 어여쁜 자야

한 사람의 문제가 아니라 가정과 사회 전체의 문제다

성전환으로 달라지는 것은 성전환을 원하는 당사자, 즉 한 개
인의 육체만이 아니다. 그 개인과 관계 맺고 있는 많은 사람들,
가족, 사회, 국가 등 커뮤니티 자체와 그 개인이 일으키는 역동을
통해 성전환 시도의 영향력이 파급된다. 많은 경우, 가정의 파탄
을 호소해 온다.

성기 제거 수술뿐 아니라 호르몬 요법까지 모두 시행해 가며

온전한 성별 교체를 꿈꾸었으나 결국 본래의 성별로 돌아가고자 치열한 전쟁을 해야만 했던 월트 헤이어(Walt Heyer)라는 미국 남성의 이야기는 우리에게 많은 시사점을 준다.[33]

월트 헤이어는 20대 초반에 한 여성과 결혼하여 두 명의 자녀를 낳았다. 그러나 42세에 성전환을 결심하고, 여성 호르몬제를 복용하기 시작했다. 급기야 가슴 보형물을 삽입하는 수술과 생식기를 전환하는 수술까지 받았다. 세계 성전환의 수도(Sex Change Capital of the World)로 불리는 미국 콜로라도 트리니다드에서 성전환 수술 최다 집도의라 불리던 스탠리 비버(Stanley Biber)의 수술대에 올랐던 것이다.

그는 어린 시절에 여자아이의 옷을 입혀 주던 외할머니와 성적 학대를 하던 삼촌에게서 받은 내면의 상처를 치유 받지 못해 정체성의 혼란을 겪은 것이 성전환을 결심한 여러 가지 이유 중 하나로 작용했다고 말했다.

남편과 아버지로 살던 헤이어가 여자가 되기로 결심하고 성전환을 하는 과정에서 그의 아내와 자녀들은 큰 충격을 받았고, 가정은 산산조각이 났다. 아내 입장에서는 여자로서 한 남자와 결혼한 것이었고, 아이들 역시 그를 아빠로 따르며 살았는데, 갑자기 여자로 받아들여 달라고 요구하니 쉽게 적응할 수 없었을 것이다.

그런데도 헤이어는 자신의 삶이 행복해질 것으로 착각했다. 그는 끝내 아내와 자녀들을 포기하고, 이름을 로라로 바꾸었다.

생식기를 제거하는 수술을 받고, 자신의 신체에 각종 화학 호르몬을 주입해 가면서 여자가 되기 위해 노력했지만, 기대와 달리 그는 전혀 행복해지지 않았다고 회상했다.

결국, 수술을 받은 지 8년이 지나 50세가 되던 해에 자신의 실수를 깨달았다. 그는 원래의 성으로 돌아가기로 결심하고, 돌이키기 위해 노력했다. 무엇보다도 그는 법적으로 자신의 성별을 남성으로 되돌리기 위해 캘리포니아 고등 법원에 특정 기준을 충족한다는 탄원서를 제출해야 했다. 남자였던 그에게 성전환 수술을 해 주었던 의사 비버는 "헤이어가 의학적 기준을 충족시키고자 수술은 했지만, 호르몬과 수술로는 헤이어를 여자로 바꾸지 못했다"고 못을 박았다.

헤이어는 서한에서 "집도의 비버는 수술과 교차 성별 호르몬이 내 외모와 생식기를 중화시키는 효과가 있었지만, 내 내부의 생물학적 구조와 유전자는 여전히 남성이었다고 증언했다"고 말함으로써 결국 성전환자인 헤이어와 집도의 모두 성별 교체의 허구를 법적 서면으로 인정하고야 만 것이다.

2016년에 헤이어의 이야기를 주제로, 렌 젝스(Rene Jax)가 쓴 《Don't get on the plane(그 비행기는 타지 마라)》에 "성전환 수술이 당신의 인생을 망칠 것"이라는 구절이 나온다. 사실, 이 책의 저자인 렌 젝스도 트랜스젠더 수술을 후회하는 또 한 명의 탈성전환자다. 책에서 헤이어는 또 이렇게 말했다. "우리 둘 다 같은 결론을 내렸다. 성전환 수술은 파괴적인 신체 절단과 시간과 돈의 낭

비였다. 의학적으로 인증되었다는 성전환 수술을 받은 후에도 삶은 개선되지 않았다. 성별 불쾌감이 지속되었으며 완화되지도 않았다."

헤이어는 수술로 삽입했던 가슴 보형물을 재수술로 제거하는 등 각종 고통스러운 과정을 겪어 가면서까지 본래의 성별인 남자의 몸으로 다시 돌아가기 위해 필사적으로 노력했다. 그런 꾸준한 노력 끝에 드디어 55세가 되던 해에 성 정체성에 관한 혼란이 말끔히 사라졌다고 말한다. 성전환을 위해 수년간 호르몬제 주사를 맞았을 뿐만 아니라 자기 신체를 훼손하고, 아내와 자녀들을 버렸던 사람이 뒤늦게 제자리로 돌아온 것이다.[34]

현재 그는 자신의 과거를 모두 이해해 주는 여성을 만나 재혼하여 행복한 결혼 생활을 하고 있다. 사실, 그는 남자에서 여자로 바뀌기 위한 성전환 수술을 받을 때, 이미 크게 깨달았던 사실 하나가 있다고 말한다. 여성 호르몬제 주사와 성전환 수술과 온갖 성형 시술로 외모를 바꿀 수는 있지만, 가장 중요한 '성별'만큼은 바꿀 수 없다는 것이었다.

헤이어는 "수술 후에 많은 환자가 저에게 연락하여 성전환 수술을 깊이 후회하고 있다고 말한다. 수술 결과에 대한 잘못된 희망을 가지고 수술한 것이다"라고 말한다. "성전환 시도의 결과가 어떠한지를 제대로 알려 주지도 않고, 조금이라도 더 어릴 때 성별을 바꾸도록 격려하거나 지원하는 데만 초점을 맞춘다면 앞으로 더 많은 자살이 일어나게 될 것"이라고 말하며 아동을 대상으로 성전환을 부추기는 교육을 하지 말 것을 촉구했다.

남자에서 여자로, 여자에서 다시 남자로 육체를 변개해 가면서 온몸으로 성전환의 부작용을 겪어 본 헤이어는 언론을 통해 다음과 같은 결론을 공개했다.

"나는 성전환 수술에 대해 거리낌 없이 비판하게 되었다. 왜냐하면 많은 사람이 성전환 수술에 공존하는 문제점을 듣지 못한 채 호르몬을 빨리 처방받고 수술실로 가는 길로만 셔틀을 돌리고 있기 때문이다. 그러나 앞에서 지적했듯이, 이 수술은 (성별이 바뀌리라는) 약속을 지키지 않는다. 약속된 성별 교체를 달성하지 못한 채로 그저 육체를 훼손할 뿐이다."[35]

두 자녀를 둔 평범한 아빠였던 헤이어는 여자로 성전환 수술을 했으나 뼈아프게 후회한 뒤에 필사적인 노력으로 다시 남자의 모습을 되찾았다.[36]

나의 어여쁜 자야

가슴을 잘라낼 뻔한 루비 이야기 [37]

영국에서 십 대에 성전환을 시작한 한 소녀가 더 온전한 남자가 되기 위해서 21세에 양쪽 가슴을 제거하려다가 다시 원래 성별로 돌아온 이야기가 소개되어 화제가 된 적이 있다.

루비(가명)는 13세 때 자신이 남성이라고 생각하면서 남성 호르몬, 즉 테스토스테론을 복용하기 시작했다. 그러자 목소리가 점점 굵어지고, 수염이 자라는 등 외양의 변화를 겪었다. 루비는 21살이 되는 2019년 여름에 유방 제거 수술을 받기로 결심했다. 그러나 성전환에 관해 의심하기 시작하면서 5월에 마음을 바꿨다. 자신이 여성으로 사는 것이 정상이며 남성이 될 수 없다는 사실을 인지한 것이다. 그녀는 호르몬제 투약을 중단하고, 유방 제거 수술도 모두 취소했다.

루비는 영국의 뉴스 채널 스카이뉴스(Sky News)와의 인터뷰에서 호르몬제가 그녀의 성별 정체성을 남자로서 분명히 하는데 아무런 도움이 되지 않았다면서 성전환 수술을 받는 대신에 자신의 성별에 대한 감정을 바로잡고 싶다고 말했다. 이제 그녀는 탈성전환자로서 성전환을 쉽게 결정하는 것에 대해 엄중히 경고하고 있다.

"성전환은 하기 전에 충분히 숙고하고 나서 선택하기를 바란다. 왜냐하면 (성전환 수술을 해 주는) 그곳의 시스템은 '좋아, 여기 호르몬제! 수술! 다 됐으니 이제 가 봐!'라는 식이었기 때문이다. 그것은 누구에게도 도움이 되지 않는다고 생각한다."

●●●●●●●●●●●●●●●●●●●●●●●●●●●●●●●●●●●●●●●

탈트랜스젠더 자매의 외침
"무책임한 성교육은 반드시 근절해야 합니다"

남자를 여자로, 여자를 남자로 바꾸는 마술은 없다. 그런데도 그런 마술이 있다고 믿기를 강요하는 거짓 성교육과 거짓 문화가 오늘도 수많은 희생자를 양산해 내고 있다. 필자에게 연락을 취해 온 탈성전환자 이효진 자매의 말이 인상적이었다.

"성별은 절대로 바뀌는 게 아니더군요. 그럼에도 불구하고, 여성과 남성의 차이점이 성기 수술과 호르몬 요법으로 극복되고, 바뀔 수 있다고 말해 온 교육과 문화가 거짓 메시지였음을 온몸으로 겪고 나서야 알게 되었습니다. 타고난 성별보다 원하고 느끼는 바대로 선택한 성별 정체성이 더 중요하다고 가르치는 무책임한 성교육은 반드시 근절해야 합니다."

그는 2020년 1월에 서울 국회 헌정기념관에서 개최된 올바른 성가치관 교육의 필요성을 알리는 '국제 생명주의 성가치관 교육 포럼 〈위대한 생명 위대한 가족(Awesome Life Awesome Family)〉'의 한국 대표 발제자로 나선 바 있다.[38]

트랜스젠더의 삶을 떠나
여자로서의 삶을 되찾은 이효진 자매의 감동 이야기

2020년 5월, 기독교 성교육 강사 양성 교육 과정에서 이효진 자매가 트랜스젠더로 살던 삶에서 돌이켜 이제 하나님이 주신 성별대로 감사하며 살고 있는 자신의 삶 이야기를 동료 강사들에게 진솔하게 나누어 주어 잔잔한 감동을 불러일으켰다. 필자도 그 자리에서 그녀의 간증을 들으며 청소년기에 건강한 성별 정체성 속에서 잘 성장하도록 영혼들을 돕는 것이 참으로 중요함을 다시 한번 깨우쳤다.

그녀가 공개한 사진 속에는 평범한 어린 시절의 귀여운 소녀 모습이 담겨 있었다. 그러나 청소년 시기를 보내고, 성인이 되면서부터 4년여 간 남성 호르몬제를 투여받았고, 그 영향으로 넓은 어깨에 수염이 덥수룩한 남자의 모습이 되었다. 그러다가 다시 본래 여자의 모습으로 돌아왔다면서 지난 일을 담담히 들려주었다.

그녀는 왜 남자가 되려고 했을까? 그녀는 자신이 7살 때 성폭행을 당했다고 털어놓았다. 그 충격과 아픔을 아무에게도 말하지 않고, 마치 콘크리트로 덮는 것처럼 오랫동안 묻어 두었었다고 말했다. 그 사건으로 인해 그녀의 마음속 깊이 '내가 남자였더라면, 그런 일을 당하지 않았을 텐데…' 라는 생각이 가득 차게 되었고, 엄마가 치마를 입히려고 하면 경기를 일으키며 뒤집어지기도 했다. 결국 남성을 거부하는 혐오증까지 생기게 되었다. 누구에게도 말하지 못한 채 상처만 키우다가 자신이 남자가 되면, 모든 문제가 해결될 것이라는 생각에 이르렀다.

귀여운 소녀 시절의 이효진 자매다.

성별 정체성이 자리 잡는 중요한 시기인 사춘기에 그녀는 남자 친구보다 여자 친구에게 더 끌리는 것을 느꼈다. 십 대 때, '나는 원래 여자를 더 좋아하는 사람이구나' 하고 생각하게 된 것이다. 혼자 있는 것을 좋아하고, 그림을 그리거나 무언가를 만드는 것에 재능이 있던 그녀는 대학에서 의상 디자인을 전공하고, 졸업 후에 패션 업체에 취업했다.

그런데 공교롭게도 당시 그녀를 뽑은 디자이너가 양성애자였다. 그때 바로 커밍아웃을 하지는 않았지만, 동질감을 느끼며 마음이 편해졌다. 그러다가 회사 동료를 좋아하게 되면서 비로소

나의 어여쁜 자야

커밍아웃했다. 그녀는 자신의 성 정체성을 드러내면 속 시원해질 줄 알았는데 오히려 마음이 더 힘들어지고, 앞날에 대한 걱정으로 많이 우울해졌다고 한다.

20대 후반에 남성에서 여성으로 성전환한 사람을 알게 되었는데, 그의 영향으로 자신도 생물학적으로 남자가 되기로 결심했다. 어머니에게 제일 먼저 털어놓았지만, 성전환은 안 된다면서 반대하셨다. 하지만 이미 마음을 정한 그녀는 열심히 돈을 모아서 진단서를 받아 2014년부터 호르몬 치료를 받게 되었다.

그녀는 그때를 회상하며, 만약에 정신과 상담을 받을 때 어린 시절에 겪었던 성폭력 피해 사실을 먼저 털어놓았더라면 남성 호르몬제 치료에 앞서 성폭력으로 인한 상처 때문에 생긴 왜곡된 성의식부터 다루지 않았을까 생각하며 아쉬워했다. 그때까지 그 사건을 철저히 숨기고만 있었기에 적절한 시기에 치유 과정을 밟

트랜스젠더가 되기로 결심하고 호르몬 치료를 꾸준히 받으니 수염이 덥수룩하게 자랐다. 남성의 모습이 뚜렷하다.

지 못하고, 오히려 남성으로 성전환하는 잘못된 선택을 하게 되었다고 말했다.

여자에서 남자로 성별을 전환하기 위해 시작한 호르몬 치료는 심리뿐 아니라 육체적으로도 큰 고통을 가져왔다.

"지금까지 여자로 살던 사람이 남성 호르몬제를 맞으니 몸이 급격하게 힘들어졌어요. 목소리가 굵어지고, 없던 근육이 여기저기 마구 생기면서 몸이 너무 무겁게 느껴졌고, 온종일 졸리더니 얼굴이 나날이 변해 갔어요."

내면 깊은 곳에서는 자신이 남자라는 사실을 받아들이지 못했다. 그러면서 '나는 누구인가'라는 생각으로 우울하고 힘든 시간을 보냈다. 그러던 중에 동네의 친한 지인이 예수님을 믿자며 그녀를 교회로 인도했다.

그녀는 예수님을 깊이 만났지만, 성향이 단번에 바뀌지는 않았다. 여자를 향한 동성애적 감정이 여전히 남아 있어서 힘들었기에, 모든 욕망을 내려놓고 주님께 간절히 기도했다. 그리고 다시는 동성애를 하지 않겠다고 결단했다.

문제는 성전환증이었다. 남성 호르몬제를 투여하던 중이었으므로 남자의 외모를 유지하고 있었기 때문이다. 앞뒤가 맞지는 않지만, 남자의 몸을 유지하면서 여자와 연애만 하지 않으면 될 것으로 생각했다.

그런데 몸에 문제가 생겼다. 2주에 한 번씩 호르몬 주사를 맞으면서 월경이 중단된 상태였는데, 갑자기 부정 출혈이 생긴 것이다. 검사 결과, 놀라운 사실을 알게 되었다. 대개 호르몬 치료를 2~3년 이상 받다 보면, 자궁과 난소가 수축되어 제 기능을 상실하기 마련인데, 그녀의 자궁과 난소는 너무나도 멀쩡하게 유지되고 있었던 것이다. 그녀는 그 사건을 호르몬을 끊고 다시 여자로 돌아가야 한다는 사인으로 받아들였다. 그 후 그녀는 남성이 되기 위한 호르몬 치료 일체를 중단했다.

호르몬 치료를 중단한다고 해서 곧바로 여자로 돌아오는 것은 아니다. 다시 여성으로 돌아오기까지 길면 4~5년은 걸린다고 한다. 그녀는 겉모습은 여전히 남자인 채로 방문하는 교회마다 "저는 여자입니다"라고 선포하며 간증했다. 그랬더니 많은 분이 감동하여 눈물을 흘리며 도움을 주었다고 한다. 2018년 9월경, 호르몬제를 완전히 끊었다. 1년 반 만에 여자로 돌아온 것은 기적이라고 한다.

그 후 성교육에 관심을 갖게 된 그녀는 필자를 찾아와 필자가 강사진으로 들어가 있는 성경적 성교육 코스에서 에이랩 과정을 이수했다. 성경적 성가치관을 배운 후 "누군가 저에게 올바른 성교육을 해 줬더라면, 제 인생이 이렇게 되지는 않았을지도 모른다는 생각을 최근에 하게 됐어요"라고 말했다. 그리고 자신처럼 성폭력 피해의 영향으로 갖게 된 왜곡된 성별 정체성 때문에 힘들어하는 십 대 청소년들을 하나님의 말씀과 방법으로 돕기 위해 자기 경험을 아낌없이 나누고 있다. 10주에 걸친 성경적 성교육 프로그램에 성실하게 임한 그녀는 언제 남자로 살았나 싶을 정도로 자연스러운 여성미와 따뜻함이 느껴지는 자매다.

　이효진 자매는 반짝이는 눈으로 오늘도 하나님 앞에 서서 이렇게 기도하곤 한다고 말한다.

　"저의 부족함과 어리석었던 경험까지도 하나님께서 방황하는 영혼들을 구하는 일에 쓰신다면, 저는 정말 기쁨으로 순종하며 나아가려 합니다."

호르몬을 완전히 끊고 나서 1년 반 만에 다시 여자로 돌아온 이효진 자매의 최근 모습이다.

성별이 수십 가지라고 한들 나와는 상관없다?!

탈의실이 위험하다

미국 미시간주 미들랜드 카운티의 한 헬스클럽이 '어떤 남자'가 여자 탈의실을 사용하고 있다고 말했다는 이유로 여성 회원의 회원권을 취소하는 일이 발생했다.[39] 플래닛 피트니스(Planet Fitness)의 여성 회원 이베트 코미에르(Yvette Cormier)는 탈의실에 들어갔다가 어떤 남자가 그곳에 있는 것을 보고 깜짝 놀랐다. 자신이 남자 탈의실에 잘못 들어간 줄 알고, 다시 나와서 문의 팻말을

Woman Challenges Gym's 'Judgment-Free' Locker Room Policy for Transgender Fitness Buffs

Kristiana Mork / February 10, 2016 / 0 Comments

한 여성이 헬스클럽 여자 탈의실에 남자가 있어서 직원에게 항의
하자 그 사람은 여자가 맞다며 직원이 남성 편을 들었다.

확인하기까지 했다. 코미에르가 헬스클럽에 항의하자 안내 데스크의 직원은 자신도 그 사람이 여자가 맞다고 생각한다면서 여자 탈의실을 사용한 남자의 편을 들었다.

코미에르는 플래닛 피트니스 본사에 불만을 제기했지만, 헬스클럽은 "판단 금지 구역(Judgement Free Zone)"이므로 문제의 남자에게 여자 탈의실을 쓰지 말라고 말할 수 없다는 답변을 들어야 했다. "판단 금지 구역"은 플래닛 피트니스가 자주 사용하는 슬로건이기도 하다.

플래닛 피트니스의 관련자는 '당사 헬스클럽 회원은 타고난 성별, 즉 생물학적 성별이 아닌 개인의 성별 정체성에 따라 탈의실을 사용할 수 있다'고 밝히며 코미에르의 회원권을 취소한다고 발표했다.

"플래닛 피트니스는 회원들에게 위협적이지 않은 친근한 환경을 조성해 드리기 위해 노력하고 있습니다. 우리는 성별 정체성과 관련한 차별을 금지하고 있습니다. 그러므로 회원과 방문자는 각자의 성별 정체성에 따라 헬스클럽의 모든 시설을 이용할 수 있습니다. 우리 경영진은 코미에르 회원이 이 같은 정책에 우려를 표명하는 방식이 다른 회원들에게 부적절하고 파괴적인 행동으로 비친다고 생각합니다. 이에 클럽과의 계약을 위반한 것으로 간주하여 코미에르 회원의 회원권을 취소합니다."

미국의 인권 운동 단체인 휴먼라이츠캠페인(Human Rights Campaign)의 입법 심의회 선임 위원 앨리슨 길(Alison Gill)에 따르면,

이 헬스클럽은 회원들이 자신의 성별 정체성에 따라 탈의실을 이용할 수 있도록 하는 정책을 만들 권리가 있다.

자신이 여자로 느껴진다고 말하면, 성별 정체성의 변화를 이유로 여자 탈의실에 드나드는 남자를 말릴 방법이 없어지는 분위기 속에서 캘리포니아의 한 학교가 비슷한 문제로 몸살을 앓았다.

하지만 이후 코미에르는 회원 자격이 취소된 것에 대해 항소했고, 미시건주 대법원은 소비자보호법에 따라 그녀의 손을 들어주었다.

"아이의 성 정체성에 따라 숙소를 고르게 허용하되 부모는 모르게 하라"

2020년 1월 13일, 국회 헌정기념관 대회의실에서 한국가족보건협회의 주관으로 세계 청소년 성교육 실태 파악과 성교육의 바람직한 방향성 모색을 주제로 한 '국제 생명주의 성가치관 교육 포럼'이 개최되었다.

포럼의 네 번째 발제자였던 이진아 대표(남가주 다음세대지키기)는 확정된 생물학적 성별 자체보다는 감정을 중시하는 성교육 분위기가 매우 위험하게 치닫고 있다고 주장했다. 기독 청소년을 위한 성경적 성교육을 하는 그는 반기독교적인 성교육이 넘치는 미국 현지에서 실제로 벌어지는 일들에 대해 안타까움과 우려를 드러냈다.

이 대표의 발표에 따르면, 2019년 5월에 공교육에 종사하는 교사와 교장을 대상으로 'LGBTQ가 안전히 다닐 수 있는 학교 만들기 콘퍼런스'가 열렸다고 한다. 5,000명이 모인 자리에서 각종 강의가 펼쳐졌고, 매 강의 끝에는 질의응답 시간이 있었다. 문제는 "캠프에 갔는데 5학년 남자아이가 그날따라 자신이 여자라고 느껴진다면서 그날은 여자 숙소에서 자고, 그다음 날은 남자 숙소에서 자고 싶어 할 때 어떻게 해야 하느냐"는 질문에 "그 아이의 감정(feeling, emotion)을 존중하여 그날 그가 느끼는 성 정체성대로 여자 숙소에서 자게 하고, 다른 날은 남자 숙소에서 잘 수 있도록 배려해야 한다"는 가이드라인이 제시되었다는 것이다. 그뿐 아니라 "생물학적으로는 남자이지만, 자신을 여자로 느낀다는 그 아이의 성 정체성을 다른 여자아이들에게 미리 교육해서 그 남자아이를 여자 숙소에서 자게 해 주고, 집에 돌아가서는 이 사실을 절대 말하지 않게 해야 한다"고 답했다고 한다. 타고난 성별보다는 유동적으로 변화무쌍한 개인의 성 정체성을 우선시하는 교육의 대표적인 단면을 보여 준다.

현재 미국의 많은 주(state)에서는 트랜스젠더를 극단적으로 옹호하고, 이미 결정된 생물학적 성별이 아닌 수시로 바뀌는 감정을 존중하고 배려해야 한다고 가르치고 있다. 성교육자들은 이런 메시지를 아이들에게 전달함으로써 그들을 혼란에 빠뜨리며, 반기독교적 정서를 심어 주고 있다. 이진아 대표는 현지 성교육의 메시지를 다음 한 문장으로 압축해 표현해 주었다.

"생물학적인 것들은 잊어버려. 너의 감정이 중요한 거야."

(You can forget about biology. It is all about emotions.)

'제3의 성'으로 법적 등록 가능한 성읍의 등장

여자, 남자가 아닌 기타 여러 가지 성별이 수십 가지가 있다고 주장하는 사람들이 아무리 늘어난들 그것이 공적인 영역에서는 영향을 주지 못할 것이니 걱정할 필요가 없다고 말하는 사람들이 있다. 남녀 성별은 너무나 뚜렷한 차이가 있고, 과학적으로도 성별은 두 가지니 남녀 성별, 즉 두 개의 성별로만 구성되는 현재의 모든 사회·정치·경제·문화에 어떤 악영향도 미치지 못할 것이라고 주장한다.

그러나 실제로는 그렇지 않다는 게 문제다. 성별이 수십 가지가 있다고 느끼는 사람들의 친교 모임에서만 그들의 독특한 성적 취향이나 정체성을 교류하고, 친목을 도모하는 선에서 끝나는 것까지야 어쩔 수 없겠지만, 그러한 잘못된 젠더 사상을 모든 사람에게 일반적이고 보편적인 것으로 받아들이라고 강요하는 일이 공적 영역에서 벌어지고 있으니 문제다.

지구상에는 이미 여성과 남성 외에 기타 본인이 원하고 느끼는 정체성에 따른 성별을 모두 인정하는 공문서가 발행되고 있고, 수십 가지 성별을 포용하기 위해 화장실과 탈의실을 성중립적으로 바꾸어 가는 도시와 나라들이 있다는 것을 아는 사람들은 드물다.

2017년 6월, 미국 법원에서 자신의 성별 정체성을 남성(male) 또는 여성(female)이 아닌 제3의 성(性)이라는 단어를 사용해 합법적으로 바꿀 수 있다는 판결이 나왔다. 보통은 성별 정정을 원하는 경우에 남성에서 여성으로 혹은 여성에서 남성으로 정정하는 바이너리, 즉 두 성을 오가는 성별 정정만이 존재했다.

미 육군 출신의 남성 제이미 슈프(Jamie Shupe, 당시 52세)는 전역하고 나서 2013년에 여성으로 성전환 수술을 받았다. 자신의 성을 남성도 여성도 아닌 제3의 성으로 인식한다며 결국 남녀가 아닌 전혀 알 수 없는 새로운 성으로 바꾸는 법적 절차를 밟은 것이다. 오리건주의 한 지방법원은 성전환자 슈프의 청원을 받아들여 그에게 '여성'도 아니고 '남성'도 아닌 제3의 성을 의미하는 '넌바이너리(non-binary)'로 성별을 표기하도록 승인한 것이다.[40] 전술한 바와 같이 '바이너리(binary)'는 '두 개'라는 뜻으로 여기에선 남성과 여성, 즉 두 개의 성별을 의미한다. '바이너리'라는 단어에 부정(否定)을 의미하는 접두사 '넌(non)'을 붙여 만든 단어인 '넌바이너리'는 남자도 여자도 아닌 제3의 성별 혹은 그런 성별을 가진 사람을 지칭하는 것이다.

오리건주는 동성애를 포함하는 포괄적 차별금지법안의 일종

나의 어여쁜 자야

인 혐오 표현 금지법이 통과되었다. 이미 수년 전부터 법원에 성교체를 요청할 수 있었고, 비교적 복잡한 과정 없이 개인의 성별 교체가 이루어져 왔다. 더 큰 문제는 성별 교체 역시 남성 또는 여성 등 두 가지로만 특정하지 않았다는 것이다. 심지어 의사의 진단서 없이도 성교체를 결정할 수 있다.

미국에서 제3의 성을 인정한 첫 판결이 언론에 보도된 후 유사한 판례가 미국 전역에서 우후죽순 쏟아져 나왔다.

성중립 화장실에서 벌어지는 사건들

상황이 이렇다 보니 화장실 사용이 큰 문제가 되었다. 화장실도 정체성대로 결국 수십 가지 화장실을 지어야 될 상황인 것이다. 성별대로 화장실을 만들 수가 없어서 결국 수십 가지 성별이 모두 사용 가능한, 이른바 성중립 화장실(Gender neutral restroom)을 설치하기 시작했다.

2019년 여름, 스웨덴 스톡홀름에 있는 한인교회의 요청으로 성경적 성가치관 교육을 위해 방문한 적이 있다. 스웨덴은 1990년대에 차별금지법 유사 법안을 통과시켰고, 2004년 동성애가 죄라고 설교한 목사에게 1심에서 징역을 언도했으며 이후 동성결혼법까지 통과시킨 나라다. 그곳은 수십 가지 성별의 사람들이 사용할 수 있는, 이른바 성중립 화장실을 채택하고 있었다. 스웨

덴 공공 도서관도 마트도 모두 성중립 화장실을 운영하고 있었고, 남성 전용이나 여성 전용의 화장실은 도무지 찾을 수가 없었다. 남녀가 구별된 보통 화장실은 없느냐고 물었더니 공공 도서관 직원이 성중립 화장실이 정상적인(normal) 것이라고 설명해 주었다.[41]

자신의 성별 정체성을 여성이라고 주장한 와이오밍주의 미구엘 마르티네즈(Miguel Martinez)라는 남성은 자신의 이름을 미셸(Michelle)이라는 여자 이름으로 바꾸고, 성전환자의 정체성을 차별하지 말라고 수용하는 와이오밍주의 차별금지법을 통해 여성 화장실을 이용할 수 있게 되었다.

그는 분명 자신이 여성이라고 느껴지며 남자가 아니라고 일관성 있게 주장하였고, 남성의 성기가 자신에게 있고 없음은 별로 중요하지 않다고 말했다. 즉 남성의 외부 성기를 가지고는 있지만, 자신은 여성이라고 주장했던 것이다. 그러나 그는 결국 2017년에 "트랜스젠더 여성이 10살 여아를 화장실에서 성폭행하다"라는 기사의 주인공이 되고 말았다. 생물학적으로 명백히 남자인 그에게 여자 화장실을 사용할 수 있게 허용한 결과로 10살 여아가 여자 화장실에서 성폭행을 당하게 된 것이다.[42]

이처럼 성별 정정 후에 여자 화장실에서 성폭행을 일삼는 것과는 별도로 성중립 화장실을 이용하는 이른바 '성소수자'로서 자신의 정체성을 드러내는 남성들이 정작 화장실에서 타고난 성별을 드러내며 여자를 성폭행하는 일들이 일어나고 있다. 미국 조지아주에서 트랜스젠더라며 여자 화장실을 드나들던 남자가 5세 여아를 성추행한 사건이 벌어졌다. 영국 스코틀랜드에서도 비슷한 일이 있었다. 자신을 '케이티'라는 여자로 주장한 남성이 10세 여아를 성폭행했지만, 성소수자에게 더욱 관대할 것을 강요하는 영국의 분위기 때문에 그는 어떤 처벌도 받지 않고 거리를 활보하게 되었다. 그는 이와 유사한 일을 몇 번 더 시도했지만, 매번 법적으로 처벌받기보다는 오히려 보호받곤 했다.

미국의 수도 워싱턴 DC에서도 신분증에 성별 정정조차 안한 남자가 식당의 여자 화장실에 들어가려다가 이를 말린 식당 직원을 고소해서 오히려 식당이 그에게 7,000달러의 벌금을 부과했다.[43] 수술 없이도 성별 정정이 용이하도록 법적 장치를 갖추고 있는 워싱턴 DC에서 이런 어처구니없는 일이 일어났던 것이다.

미국 워싱턴 DC의 어느 식당에서 신분증에 성별 정정이 안 된 여장 남자가 여자 화장실에 들어가려다가 이를 말린 식당 직원을 고소한 사건이 있었다.

이런 뉴스들이 계속 나오는 와중에 캐나다에서는 성중립 화장실에 불편을 느낀 여학생들이 화장실 가기를 미루다가 방광염에 걸리는 일까지 발생했다.

스웨덴 현지 고등학교를 다니는 주다은 학생에게 화장실을 남녀 화장실로 분리해서 만들어 달라고 하면 어떤 일이 돌아오는지 물었더니, "남녀를 구별하며, 두 가지 성별만 인정하는 젠더 감수성 없는 인간이라며 '성소수자 혐오자'라는 낙인이 찍히게 될 것"이라고 답해 주었다. 성추행이나 성폭행 같은 일들이 일어남에도 불구하고, 성중립 화장실을 찬양해야 관대하며 마음 넓은 사람이라는 칭찬을 듣게 되는 것이 현실이다.

우리는 이런 서구의 모습을 타산지석으로 삼아 인류가 가진 기본 명제들을 강제로 부인하게 만들며 영적인 정신 분열을 공적인 영역에서까지 강요하는 젠더 상대주의를 막아 내야 한다.

제3의 성(넌바이너리)은 엉터리였다?:
세계 최초 넌바이너리였던 제이미 슈프의 근황

2016년, 세계 최초로 넌바이너리, 즉 남자도 여자도 아닌 제3의 성별로 법적 성별 정정을 이루어 내어 언론에 수없이 대서특필되었던 트랜스젠더 제이미 슈프(212쪽)는 이후 어떤 삶은 살고 있을까?

2019년, 결국 그는 자신의 원래 성별인 남성으로 돌아가기로 마음먹고 언론을 통해 그가 어리석은 선택을 했었다고 토로했다. 그는 이렇게 말했다.

"나의 넌바이너리로의 성별 정정은 의학적으로도 과학적으로도 사기극이었다. … 나는 성적 발달에 문제가 없었다. 성적인 혼란은 그저 정신적인 것이었다. 나는 (정신적 문제에 대해) 치료를 받아야 했는데, 오히려 성전환으로 가는 모든 단계에서 만난 의사, 판사, 변호사 그룹은 나의 허상(fiction)을 맘껏 실행하도록 부추길 뿐이었다."[44]

세계 최초의 '넌바이너리', 즉 남자도 여자도 아닌 제3의 성별로 법적 승인을 이루어 낸 제이미 슈프가 2019년 원래의 성별로 돌아가기로 했다.

'타고난 성별'이 아닌 '원하는 성별'로 불러 주어야 하는 나라

캐나다 정부는 2016년 트랜스젠더의 법적 권리에 대한 연방 법안을 발효했다. 제안된 법령은 'Bill C-16(An Act to amend the Canadian Human Rights Act and the Criminal Code)'으로 성별 정체성 관련 캐나다의 인권법 및 형법 개정안이다.

트랜스젠더를 향한 차별을 금지하고 혐오 범죄의 표적이 되는 것을 방지하기 위해 마련됐다는 이 법안의 구체적인 내용을 보면 '트랜스젠더들은 성별을 스스로 정할 수 있으며 본인들이 원하는 인칭대명사로 불릴 권리를 갖는다. 이를 무시하는 행위를 하면 위법이다. 여기서 인칭대명사는 'he(그, 그 남자), she(그녀, 그 여자)' 이외에 'ze, zim, zer'와 같이 성중립적인 표현을 가리킨다.

즉 타고난 성별이 남자라 해도 그가 she로 불리길 바란다면 그렇게 불러 주어야 하며, 생물학적 성별에 근거해서 상대방을 판단하여 의도적으로 he로 부르면, 위법 행위로 내몰리게 되는 법이다.

토론토대학의 조던 피터슨(Jordan Bernt Peterson) 교수는 이 법안을 강력히 반대했다. BILL C-16이 발언의 자유를 침해한다고 지적한 것이다. 피터슨 교수는 이런 억지스러운 대명사 사용과 정치적 올바름(political correctness, PC) 정책을 비판하는 영상을 온라인에 게재했다. 그는 "특정 용어를 사용하도록 강요하는 법률은 사법

제도 역사상 처음 있는 일"이라며 "발언의 자유를 제한하는 것은 곧 생각할 권리를 앗아가는 행위와 다를 바 없다"고 직언했다. 이어 "전체주의는 '표현의 자유'를 제한함으로써 시작된다"고 경고했다.

그는 대학교수로서 '무한대의 관용'을 보이며 얼마든지 평안한 삶을 살 수 있었지만, 그런 삶을 택하지 않았다. 어찌 보면, 그는 요즘 말로 '사서 고생'을 한 것처럼 보일 수도 있다. 그도 그럴 것이 트랜스젠더리즘 옹호자들은 피터슨 교수를 '트랜스젠더 혐오자'라 비난하며 맹공격했고, 그가 재직하고 있던 학교의 학생들로부터도 강한 반발이 터져 나왔다. 그의 가족들까지 협박하며, 그의 강연장마다 쫓아다니고 방해하는 세력까지 생겨났다. 그러나 그는 끝까지 굴복하지 않고 소신 있게 싸웠다. 결국 대학을 떠나야만 했지만, 전 세계를 돌아다니며 강연을 통해 사람들을 만나는 일을 하고 있다.

> "너희는 세상의 빛이라 산 위에 있는 동네가 숨겨지지 못할 것이요 사람이 등불을 켜서 말 아래에 두지 아니하고 등경 위에 두나니 이러므로 집 안 모든 사람에게 비치느니라" 마 5:14-15

수많은 영혼이 무질서와 어둠 속에서 방황할 때 우리는 빛의 역할을 감당해야 한다. 혼돈과 영적 무질서를 증가시키는 죄 된 문화를 끝없이 관용(tolerance)하는 태도로 물개 박수를 치며 "옳다

옳다"고 거짓 환호하는 것은 악한 세력과 공범이 되는 것이다. 크리스천 양육자라면 대제사장 비느하스의 의분을 잃어서는 안 된다. 핍박을 받더라도 바른 선언을 해야 한다.

조던 피터슨 교수. 그는 남녀의 성차를 강조하며 국가가 개인의 언어 사용을 통제함으로써 사고까지 통제하는 독재를 해서는 안 된다고 주장한다.

나의 어여쁜 자야

차세대를 파괴하는 거짓 메시지를 경계하라

건강한 신체의 변형, 절단을 부추겨 돈을 벌려는 사람들

영국 켄트대 교수이자 온라인 잡지 〈스파이크드(Spiked)〉의 편집자, 정치·문화 분야의 문필가이며 《페미니즘은 전쟁이 아니다 (Women vs Feminism)》의 저자인 조안나 윌리엄스(Joanna Williams)는 아이들에게 타고난 성을 의심하도록 부추기는 것이 일종의 '산업 (industry)'이 되었다고 질타한다.[45] 성전환 수술을 받고, 평생 에스트로겐이나 테스토스테론 주사를 맞으며 심지어 보정 수술까지 받아야 하는 인구가 늘어나는 것은 확실히 돈이 된다는 것이다. 실제로 2017년 한 해에만 800명의 아동이 성전환을 위해 사춘기가 오는 것을 막는 약물을 투여받았다. 그중에는 10살밖에 안 된 어린 학생도 포함돼 있었다.

《페미니즘은 전쟁이 아니다》를 쓴
조안나 윌리엄스다.

게다가 미국의 유명 소셜 뉴스 커뮤니티나 구글의 동영상 공유 서비스인 유튜브가 성전환 시술로 트랜스젠더가 된 아동들을 축하하며 격려하는 메시지를 무분별하게 노출시킴으로써 아동들로 하여금 성별은 기호에 따라 선택할 수 있는 것으로 오해하게끔 만들고 있다. 마치 게임처럼 자신이 트랜스젠더 성향이 있는지를 자가 진단하는 서비스를 제공하는 온라인 사이트도 늘고 있다.

"성전환은 인권이라는 옷을 입은 대규모 사업에 불과하다"는 자성의 목소리가 높아져 가고는 있지만, 타고난 성보다는 젠더 감수성에 따라 자신이 선택한 젠더 정체성(gender identity)을 더 중시하도록 유도하는 거짓 메시지의 공격이 어린 학생들에게 무차별적으로 가해지고 있으니 큰 문제다. 다시 말해서, 생물학적 성, 즉 성염색체와 호르몬에 바탕을 둔 타고난 성(sex)이 중요한 게 아니라 개인의 주관에 따라 성을 얼마든지 바꿀 수 있다고 주장하는 젠더 정체성 지상주의가 아이들을 대혼란에 빠뜨리고 있는 것이다.

미성년자는 충동성과 호기심이 강하므로 선거권이 없고 고가의 물건 구입 같은 중요한 결정을 하지 못하도록 법적으로 제한하면서 성별 교체는 마음대로 할 수 있다고 가르치고 있는 것이다.

이것은 비단 영국만의 문제가 아니다. 우리에게도 현실로 다가오는 문제이므로 다른 나라의 사례를 연구하고, 예상되는 문제들에 대처하는 노력이 필요하다. 성별 교체 과정이 얼마나 고통스럽고 때로는 비가역적인 신체 변화까지 감내해야 하는 위험한 과정인지 잘 알면서도 그것을 청소년의 권리 혹은 '어쩔 수 없는' 정체성 영역이라고 가르치는 현실에 대해 크리스천 양육자들은 잘 인지하여야 한다. 젠더 감수성 함양이라는 미명하에 아동으로 하여금 자신의 타고난 성을 의심하게 만들고, 정체성에 혼란을 주는 문화나 교육 환경을 경계해야 한다.

각종 트랜스 운동이 퍼져 나가다

지구촌에서 동성 결혼을 가장 먼저 법으로 인정한 나라는 네덜란드다. 2001년에 동성 간 결혼을 통과시킨 네덜란드는 이후 성전환 역시 매우 급진적으로 받아들였다. 2015년에는 트랜스젠더가 된 아동의 실제 모습을 촬영한 사진전이 열릴 정도로 성이데올로기가 만연한 나라다. 그러나 이 사진전은 10세 이하의 아동이 원하는 대로 성전환 시술과 호르몬제 투약을 도움으로써 자신의 타고난 성을 바꾸었다고 생각하는 아동들을 문화 코드로 진열한 것이라는 비난을 받기도 했다.[46]

타고난 생물학적 성을 임의로 바꾸는 것이 법적 · 문화적으로 받아들여지고, 심지어 격려와 찬양의 대상이 되기까지 하니 성별에 이어 나이(age), 인종(race), 종(species)까지도 마음대로 바꾸겠다는 황당한 주장이 나오고 있다.

"성별을 바꿀 수 있는데, 나이는 왜 못 바꾸겠는가(trans-age)? 성별과 나이를 바꿀 수 있다면, 인종은 왜 못 바꾸겠는가(trans-racial)? 인종을 바꿀 수 있다면, 종을 바꾸지 못할 이유가 무엇이란 말인가(trans-species)?"

실제로 트랜스젠더가 일반화된 사회일수록 나이를 연령 정체성으로 바꿔 달라거나 인종을 인종 정체성대로 표기하게 해 달라는 등 갖가지 변화를 요구하는 트랜스(trans) 운동이 줄을 잇는다.

2018년에 네덜란드의 한 남성이 자신의 원래 나이보다 20년은 더 젊게 느껴진다면서 법적 연령을 낮추어 달라는 소송을 냈다가 법원에서 기각된 일이 있었다. 당시 69세였던 에밀 라텔반트(Emile Ratelband)는 나이 때문에 취업이 안 되고, 소개팅 프로그램에서 데이트 상대를 만나는데도 문제가 있다면서 스무 살을 낮추어 49세로 표기하게 해 달라고 요청했던 것이다. 그는 영국 BBC와의 인터뷰에서 "성 정체성에 따른 성전환을 인정하는 시대이니만큼 나이도 정체성에 근거하여 바꿀 수 있어야 한다"고 주장했다.[47]

트랜스젠더리즘을 옹호하는 영국 일간지 가디언(Guardian)은 라텔반트가 성별 전환을 주장하는 진영의 논리를 조롱하고자 '연령 전환 퍼포먼스'를 한 것이라고, 당사자의 확인도 없이 일방적인 글을 내보내는 실수를 하기도 했다. 즉 그들은 라텔반트가 성전환을 빈정대기 위해서 쇼를 한 것뿐이라고 주장한 것이다. 그러나 이는 전혀 입증된 바가 없다.

오히려 그들의 주장과는 달리, 라텔반트는 자신의 신체가 40대에 얼마나 가까운지를 일관성 있게 설명했다. 그는 여러 인터뷰에서 이를 입증하기 위해 자신만의 식이 조절법, 운동법, 목욕법, 약물 오남용을 피하기 위한 절제의 노력 등을 밝혔고, 심지어 자신의 신체 일부를 보여 주고 싶다고까지 했다. 그리고 고령화 시대를 맞이하여 활동성에 따라 연령을 조정해 주는 것이 합리적이라고 주장하며 자신이 원하는 만큼 연령을 전환해 주면 노인 연금을 기꺼이 포기하겠다고 말했다. 하지만 법원은 그의 청원을 기각했다.

캐나다의 스테폰니 월시(Stefonknee Wolscht)라는 52세 남성은 46세 되던 해에 성별을 여자로 바꾸겠다며, 아내와 일곱 자녀를 버려둔 채 가출했다. 그러나 일자리를 잃고 노숙자가 되어 힘든 삶을 살다가 트랜스젠더를 지원하는 단체의 도움으로 한 가정에 딸로 입양

46세에 가정을 버려둔 채 트랜스젠더가 된 캐나다의 스테폰니 월시가 한 가정의 딸로 입양되어 6살짜리 아이로 살아가고 있다.

되어 '6살짜리 여자아이'의 삶을 살고 있다. 입양한 부모의 7살짜리 손녀가 그에게 자기 동생이 되어 달라고 부탁했기 때문에 스스로 6살이 되기로 결심한 것이다. 그는 자신이 아이로 돌아갔으며 당장은 어른이 되고 싶지 않다고 말한다.[48]

캐나다의 저명한 학자 마이클 브라운(Michael L. Brown) 박사는 성전환자인 트랜스젠더와 연령 전환자인 트랜스에이저(transager)에서 한발 더 나아가 '종 정체성 장애(species identity disorder)'에 관해 말한다. 예를 들어, 자신이 사람이 아닌 '개'라고 믿는 사람이 있다는 것이다.[49]

영국 BBC가 자칭 인종전환자(transracial)인 한 흑인 십 대 소년을 소개하여 화제가 된 적이 있다. 앤트완 스몰즈(Antoine Smalls)는 전형적인 흑인으로 태어났는데, 자신이 해리슨 부스(Harrison Booth)라는 35세 백인 남성이라고 주장한다. 자신의 인종 정체성이 그렇다는 것이다. 그래서 자신을 흑인으로 대하는 사람들이 불편하다고 말하면서 조만간 인종 전환을 위한 수술을 받을 예정이라고 말한다.[50]

그 외에도 자신이 시각장애인이라고 주장하는 비장애인 여성이 있는가 하면, 스스로 흑인이라고 믿는 백인 여성까지 등장했다. 그들은 하나같이 성별도 바꿀 수 있는 세상에 자신이 원하는 대로 못 바꿀 것이 무엇이냐고 항변한다. 성별은 물론이고, 나이와 인종과 종마저도 바꿀 수 있다고 주장하는 것은 자신이 곧 '신(God)'이라고 주장하는 것과 다름없다.

이렇게 허무맹랑한 주장을 하는 사람들의 정신 문제를 논하기에 앞서 그들의 심각한 '남다름'을 무분별하게 인정하며 축하해 주는 대책 없는 관용주의 정책(tolerance policy)이 가장 큰 문제다. 극소수 그룹의 과도한 '색다름'을 존중과 배려할 것으로 여기며 법제화하겠다는 독재적 발상이 큰 문제인 것이다. 성별 바꾸기, 인종 바꾸기, 수십 가지 성별 중 그 속에 나도 포함된다고 믿기 등 독특한 생각을 가진 사람들끼리 동아리 활동을 하고 그런 감정을 공유하며 서로 동질감을 나누는 선에서 끝나는 것이 아니라 이를 만인에게 받아들이라고 강요하는 법과 제도를 만들겠다는 생각은 매우 위험하다.

데일리와이어(Daily Wire)의 창립자인 벤 샤피로(Ben Shapiro)가 노스웨스턴대학교에서 강연 후 가진 질의응답 세션에서 "젠더는 가변적인 것이다"라고 말하는 22세 여성에게 "성별은 가변적인(malleable) 것이 아니며 심증으로 정할 일이 아니다"라고 못 박았다. 그리고 "왜 자신의 나이를 22세가 아닌 60세로 말하지 않느냐"고 반문했다. 그 여성은 나이를 바꾸고 싶다고 주장하는 것과 성별을 바꾸고 싶다고 주장하는 것은 전혀 다른 것이라고 반박했지만, 이에 대해 벤 샤피로는 "그렇다, 나이는 성별보다 확실히 덜 중요하다. (나이를 인위적으로 바꿀 수 없듯이) 당신은 마법처럼 당신의 성별을 바꿀 수 없다"고 말했다.[51]

성별 정체성이 아닌
생물학적 성별만을 인정하겠다고 밝힌 미국 정부

2020년 6월, 미국 행정부가 의료 보건 분야에서 트랜스젠더(성전환자)의 성 정체성을 인정하는 법안의 철회를 확정했다. 이에 성별 정체성이 아닌 "타고난 성별"만이 인정됨에 따라 트랜스젠더들이 주장하는 그들의 성별을 의료 부분에서 인정받는 것이 대폭 제한될 것으로 보인다. 또한 미국 보건당국은 "정부는 1557조항[52] 시행에 있어 태생부터 결정되는 남성이나 여성 같은 평범한 성별에 따라서만 성차별을 해석하는 것으로 돌아가겠다"고 밝혔다.[53] 즉 트랜스젠더가 주장하는 성별을 있는 그대로 인정하지 않는 것까지 '성차별'로 간주하던 것을 멈추겠다는 뜻이다.

이전의 오바마 정부는 '성별' 개념에 '성별 정체성', 즉 자신이 느끼고 원하는 성별까지 포함시킴으로써 의료인이나 보험사와 같이 생물학적 성별이 중요한 판단 기준으로 작용하는 영역에까지 큰 혼란을 끼친 바 있다.

트럼프 정부가 성별 정체성이 아닌 생물학적 성별만을 인정하겠다고 밝힘으로써 전술한 각종 혼란이 대폭 정리될 것으로 보인다.

"그동안 많은 크리스천이 오바마 정부의 결정이 법적 권한의 허용치를 넘어선다며 반대해 왔습니다." 필자가 초청을 받아 강연한 적이 있는 미국 콜로라도주 덴버 할렐루야교회의 김창훈 담임 목사님이 미국 행정부의 이번 결정을 환영한다면서 이 같은 소식을 전해 왔다.

미국의 보수적 기독교 단체인 가족연구위원회(FRC)의 한 관계자는 "오바마 행정부의 기존 법 아래에서는 의료진이 자신의 양심에 반하거나 환자에게 해가 된다고 생각해도 성별을 바꾸는 수술을 해야만 했다"고 주장했다.

미국 행정부는 2017년 트랜스젠더의 군 복무를 제한하는 행정명령에 서명하는 등 교육, 주택, 고용 분야에 이어 의료 보건 분야에 이르기까지 성차별에 대한 법적 기준을 '타고난 성별'로 재정립하고 있다.

미국 뉴저지에서 사역하시는 강지연 사모님은 기쁜 목소리로 현지 소식을 전해 주셨다.

"과학적 근거와 성경적 원리를 무시한 채 개인의 소견, 이른바 성별 정체성대로 성별 정정을 허용함으로써 의료 보험이나 스포츠 분야에서 무질서와 혼란을 야기했던 미국 정부에 큰 변화가 일고 있어요."

"타고난 성별대로 사는 것이 순리"
출생증명서의 성별 변경을 금지하는 법안을
통과시킨 헝가리

헝가리 의회는 2020년 5월에 타고난 성별을 합법적으로 바꾸는 것을 금지하는 법안을 통과시켰다. 의회 투표 결과, 찬성 134표, 반대 56표, 기권 4표로 압도적인 표차를 기록했다. 헝가리 대통령의 서명만 남은 가운데 이 법안이 발효되면, 지난 3년간 접수된 성별 변경 신청도 거부된다. 또한 생물학적 성별에 근거하여 출생증명서에 성별을 등록해야 한다. 한번 등록된 출생 성별은 변경할 수 없도록 하는 이 법안은 생물학적 성의 완전한 변경이 불가능하다는 점을 못 박은 것이다.

유럽인권위원회와 여러 인권 단체들은 이 법안이 트랜스젠더의 권리를 짓밟고, 헝가리를 암흑시대로 되돌리는 법안이라고 강하게 비난했다. 하지만 빅토르 오르반(Viktor Orbán) 총리는 기독교적 가치를 중시하는 보수적인 정책을 앞세워 국내 지지 기반을 다져 왔다. 그는 인터뷰에서 "사과가 자기를 배라고 불러 달라고 하면 되겠느냐"며 동성애와 동성결혼에 관한 반대 입장을 분명히 밝히기도 했다.[54]

"타고난 성별마저 혼란을 주는 성교육 현실"
Activity

세상의 성교육은 타고난 성별보다는 개인이 정하는 성별, 즉 성
정체성이 더 중요하다고 가르치는 등 매우 허황되고 반성경적인 내
용을 서슴없이 가르친다. 이러한 교육은 신체 훼손을 동반한 성별
교체 시도 등 악한 효과를 드러낸다. 남자가 아무리 부드럽고 섬세
한 일에 능해도, 여자가 아무리 힘세고 모험적인 성향을 가지고 있
더라도 XX염색체를 가진 여자가 XY염색체를 가진 남자가 될 수는
없는 것이다.

예를 들어 "너는 비록 여자이지만, 축구를 잘하니까 남자로 바뀔
거야(또는 남자가 될 거야)"라고 말함으로써 정체성을 흔드는 일을 해
서는 안 된다.

실천해 보기

마티 마쵸스키(Marty Machowski) 목사가 쓴 그림책《하나님께서 남
자와 여자를 만드셨어요(God made boys and girls)》를 온 가족이 함께 읽
고, 어느 부분이 가장 기억에 남는지 대화를 나눈다.

- 하나님은 무엇을 이용하여 남자를 만드셨는가?
- 하나님은 무엇을 이용하여 여자를 만드셨는가?
- 여자의 이름은 누가 지었는가?
- 남녀 성별을 누가 정하는가?
- 성별을 자신이 원하는 바, 잘하는 바, 느끼는 바에 따라 바꿀 수 있도록 법을 만들면 어떤 문제가 발생할 것 같은가?

하나님의 섬세하신 열심은 남녀의 모습 속에서도 섭리적으로 드러난다. 남자와 여자는 놀랍도록 다르고, 놀랍도록 상호 보완적으로 창조되었다. 세상은 "남자와 여자"를 단순히 "성별"이 다른 두 사람 정도로 그 범위를 좁혀 두길 원했으나, 남자와 여자의 차이점은 단순히 '성별의 차이'가 드러나는 결과물이 아니다. 하나님이 인간 창조를 통해 자기 형상을 구현하는 과정에서 채택하신 아름다운 창조의 질서가 바로 '남자와 여자로 창조하심'이다.

아이들이 남자와 여자로서 건강한 정체성을 가지도록 돕고, 그들이 청소년기를 자신의 성별에 관한 각종 불만과 의심과 혼란 속에서 보내지 않으며, 사랑과 질서와 감사로 충만하게 보낼 수 있도록 돕는 것이 양육자의 의무이자 기쁨이다.

그러나 안타깝게도 모든 구조를 해체하자는 인간의 구호, 즉 후기구조주의의 영향은 이제 남녀 성별의 영역까지 침투해 오고 있다. 절대적인 진리를 거부하고, 극단적 상대주의를 신봉하며 구조의 틀을 해체하는 것이 이 시대의 사조가 되어 가고 있다. 기독교의 절대성이야말로 명실공히 최대의 공격 대상이 되기에 충분하다.

창세기에 기록된 남녀 창조의 질서가 교육 영역에서 급격히 해체되고 있다. 너무나 뚜렷한 성별의 다름마저 해체될 수 있다면, 이제 더 이상 해체하지 못할 어려움이란 없게 된다. "절대적인 진리는 없다"는 명제만이 절대적이라며 모든 구조를 파괴하며 온전한 혼돈을 불러일으키고 있는 포스트모더니즘의 사조는 사회·정치·경제·문화 모든 영역에서 남녀 성별의 구조 해체를 통해 가장 중요하고 역동적인 질서들을 파괴하는 일에 온 힘을 다하고 있다.

남자와 여자의 평화, 그 온전한 하나됨은 부부라는 관계를 통해 이 땅에 번성하고 충만하며 이 땅을 다스릴 우리 차세대에 물려줘야 할 든든한 자산이며 비전이다. 남녀의 평화를 깨고, 남녀 사이를 이간하는 각종 선동과 일부 극단적인 페미니즘이 미디어를 통해 디지털 세대의 심령 속으로 들어가고 있다.

세상은 독처하며 모이기를 폐하고, 남자와 여자의 틈을 이간하지만 우리는 그러한 악한 영의 이간에 넘어가지 말고, 하나님의 음성에 철저히 반응하며, 우리와 늘 동행하기를 원하시는 그분의 뜻에 기쁨으로 함께해야 할 것이다.

하나님은 사람을 하나님의 형상대로 창조하시되 남자와 여자로 창조하셨다. 그러한 남녀의 화평한 모습, 인간 창조 섭리 가운데 드러난 사랑 넘치는 모습을 통해 하나님과 우리의 관계를 아이들에게 잘 구체화할 수 있기를 소망한다.

아름다운 남녀의 배필로서의 사랑을 통해 하나님과 성도 된 우리의 깊은 교제를 느끼게 해 주는 말씀, 아가서를 묵상해 본다.

우리에게 왕후의 관을 씌우신 하나님.

우리의 남편 되신 하나님은 아내 된 성도들에게 사랑의 손을 내미신다.

일어나라고.

그리고 함께 가자고 하신다.

"나의 사랑하는 자가

내게 말하여 이르기를

나의 사랑,

내 어여쁜 자야

일어나서 함께 가자"

아 2:10

나의 어여쁜 자야

주석

■
1장 남자와 여자를 만드신 하나님의 솜씨

1 Steven M. Carr(2016), 뉴펀들랜드메모리얼대학교(Memorial University of Newfoundland) 홈페이지에 캐나다의 과학자인 M. Barr(1963)가 발견한 바 소체(barr bodies, X염색체의 비활성화 구조)를 게재하고 있다. 출처: https://www.mun.ca/biology/scarr/Barr_Bodies.html

2 과학문화포털 사이언스올, "성염색체(sex chromosome)", 2015. 09. 09. 〈https://www.scienceall.com/%EC%84%B1%EC%97%BC%EC%83%89%EC%B2%B4sex-chromosome-2/〉.

3 서울아산병원- 의학 유전학 강좌 "성염색체 질환", 2020. 05. 13. 〈http://amcmg.amc.seoul.kr/asan/depts/amcmg/K/bbs.do?menuId=3800〉.

4 이세일, 한국성과학연구협회, "간성(intersex)과 동성애는 서로 무관하다", 2017. 03. 14. 〈http://sstudy.org/what-is-intersex/〉.

5 사이언스타임즈, "남녀 유전자 특성 매우 달라", 2017. 05. 08. 〈http://bit.ly/2wbsNMb〉.

6 브레인미디어, "ADHD 앓는 청소년, 80%가 '男'", 2012. 05. 10. 〈http://kr.brainworld.com/BrainHealth/9067〉.

7 보건의료빅데이터개방시스템 국민관심질병통계(2020.05.19. 접속), 항목 조회: ADHD(과잉행동성 주의력 결핍장애), 〈http://opendata.hira.or.kr/op/opc/olapMfrnIntrsIlnsInfo.do〉.

8 브레인미디어, "남성과 여성, 주로 겪는 정신질환 달라", 2011. 08. 31. 〈http://kr.brainworld.com/BrainScience/7647〉.
Eaton, Nicholas R., etc., Journal of Abnormal Psychology, 121(1), p. 282-288 "An invariant dimensional liability model of gender differences in mental disorder prevalence: Evidence from a national sample" 〈https://psycnet.apa.org/doiLanding?doi=10.1037%2Fa0024780〉.

9 사이언스타임즈, "세포도 '남녀유별'하다", 2018. 03. 15. 〈https://www.sciencetimes.co.kr/news/%EC%84%B8%ED%8F%AC%EB%8F%84-%EB%82%A8%EB%85%80-%EC%9C%A0%EB%B3%84-%ED%95%98%EB%8B%A4/〉.

10 헬스조선 건강톡톡 네이버 포스트, "똑같은 질병인데, 성별 따라 진단과 치료법이 다르다?", 2018. 05. 29. 〈https://post.naver.com/viewer/postView.nhn?volumeNo=15856980&memberNo=22313680〉.

11 국민일보, "성차 따른 의학 연구·신약 개발은 필수", 2017. 04. 02. 〈http://news.kmib.

co.kr/article/view.asp?arcid=0923720970〉.

12 헬스조선 건강톡톡 네이버 포스트, "똑같은 질병인데, 성별 따라 진단과 치료법이 다르다?", 2018. 05. 29. 〈https://post.naver.com/viewer/postView.nhn?volumeNo=15856980&memberNo=22313680〉.

13 뉴스페퍼민트, "뇌의 성차를 부정하는 이들: 지나 리폰의 'The Gendered Brain'에 대해", 2019. 05. 01. 〈https://newspeppermint.com/2019/04/30/m-gendered1/〉.

14 헬스조선 건강톡톡 네이버 포스트, "똑같은 질병인데, 성별 따라 진단과 치료법이 다르다?", 2018. 05. 29. 〈https://post.naver.com/viewer/postView.nhn?volumeNo=15856980&memberNo=22313680〉.

15 식품의약품안전평가원(의약품 심사부 종양약품과), 〈의약품 임상시험 시 성별 고려 사항 가이드라인〉(2015.12), 12쪽.

16 혈중 에스트로겐 농도는 특정 단백질체 사이토크롬 P450(cytochrome P450)에 영향을 준다. 여성에게 압도적으로 높은 호르몬이 바로 에스트로겐임을 감안할 때, 간의 대표 대사 효소인 CYP450가 에스트로겐에 의해 억제된다는 것은 약물 대사 속도에서 남녀 차이가 날 수밖에 없음을 시사한다. 또한 대사 효소에 의한 마이크로솜(microsome)의 산화가 여성보다는 남성에게서 더 감소할 수 있다.

17 사이언스타임즈, "알코올 건강 영향 남녀 다르다", 2008. 07. 11. 〈http://bit.ly/2x16lp4〉.

18 연합뉴스, "〈의학〉 알코올 건강 영향 남녀 다르다", 2008. 07. 11. 〈https://www.yna.co.kr/view/AKR20080711084100009〉.

19 헬스조선, "소화 불량, 여성이 남성의 1.5배… 피해야 할 음식은?" 2018.10.30. 〈https://m.health.chosun.com/svc/news_view.html?contid=2018103002465〉.

20 남성이 성적 발달 단계에서 이 호르몬이 분비되지 않으면 고환여성화 증후군(testicular feminizing syndrome)과 같은 질병이 나타나기도 한다. 물론 이 증후군이 있는 태아라 할지라도 정상적으로 정소가 발달하고, 남성 호르몬을 생성하므로 유전적으로는 X염색체와 Y염색체를 각각 1개씩 가진 남성이다. 그러나 남성성의 신체적 발현이 정상에 미치지 못하고, 불임 등의 결과로 나타나기도 한다.

21 가톨릭대 인천성모병원 네이버 포스트, "남녀 모두 기억하자! 중년의 사춘기 '갱년기'", 2020. 01. 16. 〈http://bit.ly/33q0Lss〉.

22 헬스조선, "부족한 남성 호르몬, 채우면 좋아질까", 2007. 10. 16. 〈http://m.health.chosun.com/svc/news_view.html?contid=2007101601109〉.

23 제이제이비뇨기과 네이버 블로그, "남성과 여성의 일반적인 테스토스테론 수치", 2019. 05. 09. 〈http://bit.ly/3b6XeSK〉.

24 Andreas Walther, etc., *Original Investigation*(2019;76[1], p. 31-40), "Association of Testosterone

Treatment With Alleviation of Depressive Symptoms in Men", ⟨http://bit.ly/2IW81mp⟩.
Guardian, UK, "Testosterone therapy could help tackle depression in men – study", 2018. 11. 14. ⟨http://bit.ly/2Ud5WIa⟩.

25 조선일보, "권력 잡으면 腦(뇌)가 변해⋯ 터널처럼 시야 좁아져 獨走(독주)할 가능성 커져", 2014. 07. 05. http://bit.ly/2vtOabj.

26 BBC, Korea, "갱년기: 폐경, 여성 몸에 어떤 영향 미칠까", 2019. 05. 29. ⟨https://bbc.in/2Uavzt4⟩.

27 사이언스타임즈, "여자가 우울증 잘 걸리는 이유", 2015. 10. 22. ⟨http://bit.ly/39Y9NzB⟩.
Sun Jae Jung, etc., Journal of Affective Disorders(Vol. 175, April 2015, p. 176-183), "Hormone-related factors and post-menopausal onset depression: Results from KNHANES (2010-2012)", ⟨https://www.sciencedirect.com/science/article/pii/S0165032715000038⟩.

28 헬스조선, "40대 여성 '빈혈 주의보'⋯ 환자 수 남성의 3배", 2017. 04. 17. ⟨https://m.health.chosun.com/svc/news_view.html?contid=2017041701139⟩.

29 연합뉴스, "남성 호르몬 요법, 득과 실 살펴야", 2017. 02. 22. ⟨http://bit.ly/3b1IvIA⟩.

30 Dean L. Bethesda, 《Blood Groups and Red Cell Antigens》(National Center for Biotechnology Information, 2005) ⟨https://www.ncbi.nlm.nih.gov/books/NBK2263/table/ch1.T1/⟩.

31 The Journal of Clinical Endocrinology & Metabolism(Volume 95, Issue 2, February 2010, p. 639-650), "Effects of Testosterone on Muscle Strength, Physical Function, Body Composition, and Quality of Life in Intermediate-Frail and Frail Elderly Men: A Randomized, Double-Blind, Placebo-Controlled Study", ⟨https://academic.oup.com/jcem/article/95/2/639/2596855⟩.
20대 49명을 대상으로 한 12주간 웨이트트레이닝을 한 실험에서 근육량이 많이 증가한 집단은 테스토스테론 수준이 높은 사람들이 아니라 안드로겐(androgen) 수용체가 더 많은 사람들이었다. In fact, the latest science shows that guys who built the most muscle after 12 weeks of weight training weren't the ones with the highest testosterone levels, but the ones with more androgen receptors.
출처: Vice, "The Complicated Relationship Between Testosterone and Muscle Growth", 2018. 11. 27. ⟨http://bit.ly/3d4Avby⟩.
테스토스테론이 엔진이라면, 안드로겐 수용체는 타이어에 비유할 수 있다. 스포츠 경기용 엔진에 일반 타이어를 달면, 성능이 저하되듯이 수용체가 좋으면 테스토스테론의 효율이 높아져 근육량 증가에 도움이 된다. 보디빌더들이 먹는 스테로이드 약은 토스테스테론을 600% 증가시키기 때문에 효과가 가시적으로 나타나나 젊은 성인 남성 간의 테스토스테론의 10~20% 정도의 차이는 근육량 조성에 큰 차이를 보이지 않고, 오히려 수용

체의 역할이 중요하다.

출처: Frontiers in Physiology, "Muscle Androgen Receptor Content but Not Systemic Hormones Is Associated With Resistance Training-Induced Skeletal Muscle Hypertrophy in Healthy, Young Men", 2018. 10. 09. 〈http://bit.ly/2x64aRm〉.

32 동아일보, "[그땐 그랬지]1985년 대입 체력검사", 2011. 11. 04. 〈http://www.donga.com/news/article/all/20111104/41627857/9〉.

33 NewsM, "존 파이퍼, 남녀 평등주의가 성폭력 원인", 2018. 03. 22. 〈http://www.newsm.com/news/articleView.html?idxno=18772〉.

34. Medium, "The IOC's transgender guidelines are unscientific and pose a serious risk to the health of both female and transgender athletes", 2019. 01. 30, 〈https://medium.com/@Antonia_Lee/the-iocs-transgender-guidelines-are-unscientific-and-pose-a-serious-risk-to-the-health-of-both-5f5f808748e2〉.

35 건사연TV, "트렌스젠더 선수들이 망쳐 놓은 여자 스포츠", 2019. 07. 05, 〈https://www.youtube.com/watch?v=qvU8xxwCI2E〉.

36 김지연,《덮으려는 자, 펼치려는 자》(사람, 2019), 54-57쪽.

37 Tea Party News, "Female High School Athlete Claims Coach Retaliated Against Her Because Her Mother Complained About Transgender Policy", 2020. 06. 02. 접속 〈https://www.teaparty.org/female-high-school-athlete-claims-coach-retaliated-against-her-because-her-mother-complained-about-transgender-policy-370830/.〉.

38 Attacktheback.com, "Transgender MMA Fighter Fallon Fox Breaks Opponent's Skull", 2020. 06. 02. 접속 〈https://www.attacktheback.com/transgender-mma-fighter-fallon-fox-breaks-opponents-skull/.〉.

39 유튜브, "Fallon Fox vs Tamikka Brents", 2018. 02. 18. 〈https://www.youtube.com/watch?v=VRMh0YZkUdg&has_verified=1〉.

40 There was a significant positive increase in mean BMD of 7·8% at the femoral neck and a nonsignificant increase in mean BMD of 3·1% at the spine over 2 years. The levels of testosterone reached the upper normal range for males and the levels of oestradiol declined to near the postmenopausal range.

출처: Clin Endocrinol(Oxf)(2004 Nov; 61(5): p. 560 – 566), "Testosterone increases bone mineral density in female-to-male transsexuals: a case series of 15 subjects" 〈https://www.ncbi.nlm.nih.gov/pmc/articles/PMC3098904/〉.

41 Peter J Snyder, etc., Endocrine Reviews(Volume 39, Issue 3, June 2018, p. 369 – 386), "Lessons From the Testosterone Trials", 〈https://academic.oup.com/edrv/article/39/3/369/4924422〉.

42 과학동아, "3D로 보는 인체의 비밀 2 – 남녀의 골반", 2012. vol. 323. 152쪽,⟨http://mdl.dongascience.com/magazine/view/S201211N042⟩.

43 교육부 공식 블로그, "남녀 중 누가 벼락에 맞을 확률이 높을까?", 2009. 10. 28. ⟨https://if-blog.tistory.com/493⟩.

44 abc News(2011.06.28.), "Lightning Safety: Men Struck Many More Times Than Women", ⟨https://abcnews.go.com/Technology/lightning-safety-men-struck-times-women/story?id=13949232⟩. "It really doesn't matter if you're a man or a woman, you need to be inside when there's a thunderstorm in the area."

45 Popular Science(2009.09.22.), "Are Men Or Women More Likely To Be Hit By Lightning?", ⟨https://www.popsci.com/scitech/article/2009-09/are-men-or-women-more-likely-be-hit-lightning/⟩. "Men are less willing to give up what they're doing just because of a little inclement weather."

46 교통사고 분석 시스템(TAAS)은 2016년 1월 1일부터 12월 31일까지의 교통사고를 분석해 발표한 "2016년 교통사고 통계 분석(2017년판)" 자료에 따르면, 전체 사망자 중 71.2%가 남자이고, 28.7%가 여자라고 한다.
출처: 데이터솜, "교통사고 사망자 성별 비율 '남자 71%, 여자 29%'", 2017. 12. 20. ⟨http://bit.ly/39YGIUl⟩.
통계청이 발간한 논문집 ⟨통계 분석 연구⟩ 창간호에 실린 "한국인의 사고에 의한 사망"에 따르면 10만 명당 사고사율(94년 기준)은 남자가 110.1명인데 비해 여자는 36.2명에 그쳤다.
출처: 한국경제, "우리나라 남성 사고 사망률 여성의 3배", 1996. 09. 11. ⟨http://bit.ly/39XwUtP⟩.

47 2018년 사망 원인 통계 결과에 의하면, 익사 사고는 10만 명당 남자 1.7명, 여자 0.5명으로 남자가 여자보다 3.47배 더 많았고, 운수 사고는 2.66배, 추락 사고는 2.55배, 중독 사고는 2.42배, 자살은 2.6배 등이었으며, 의지가 덜 개입되는 화재 사고는 1.38배, 타살은 1.2배였다.
출처: 통계청 보도자료, "2018년 사망 원인 통계"(p. 15), 2019. 09. 24. ⟨http://bit.ly/2QlxgTy⟩.

48 한영자 외, ⟨보건복지가족부 & 한국보건사회연구원 정책 보고서⟩, "5세 미만 사망 수준 및 특성 분석", 2009-56, ⟨file:///C:/Users/gracepark/Downloads/%EC%A0%95%EC%B1%85_2009-56.pdf⟩.

49 서울신문, "더 저렴한 차보험료율 받기 위해 법적으로 성별 전환한 남성", 2018. 07. 31. ⟨http://nownews.seoul.co.kr/news/newsView.php?id=20180731601013&wlog_tag3=naver⟩.

50 CBC Radio-Canada, "Alberta man changes gender on government IDs for cheaper car insurance", 2018. 07. 20. 〈https://www.cbc.ca/news/canada/calgary/change-gender-identification-insurance-alberta-1.4754416〉.

"I felt like I beat the system. I felt like I won. I'm a man, 100 percent. Legally, I'm a woman, I did it for cheaper car insurance."

51 제럴드 메이, 《영성 지도와 상담》(한국기독학생출판부, 2006), 48-49쪽.

52 질병관리본부(KCDC) 보도자료, "치매 예방을 위해 남녀별 다른 관리가 필요", 2019. 09. 20. 〈https://www.cdc.go.kr/board.es?mid=a20501000000&bid=0015&list_no=364874&act=view#〉.

53 오케이120센터, "치매 위험인자 남녀가 다르다?", 2019. 11. 20. 〈http://blog.daum.net/windwell/1348〉.

54 질병관리본부(KCDC) 보도자료, "치매 예방을 위해 남녀별 다른 관리가 필요", 2019.09.20. 〈https://www.cdc.go.kr/board.es?mid=a20501000000&bid=0015&list_no=364874&act=view#〉.

55 Madhura Ingalhalikar, etc., *PNAS*(January, 2014, 111(2), p. 823-828), "Sex differences in the structural connectome of the human brain", 〈https://www.pnas.org/content/111/2/823〉.

56 Penn Medicine, "Brain Connectivity Study Reveals Striking Differences Between Men and Women", 2013. 12. 02. 〈https://www.pennmedicine.org/news/news-releases/2013/december/brain-connectivity-study-revea〉.

57 Guardian, UK, "Male and female brains wired differently, scans reveal", 2013. 12. 02. 〈https://www.theguardian.com/science/2013/dec/02/men-women-brains-wired-differently〉.

58 사이언스온, "뇌 연결망 구조, 남녀 차이 있다", 2013. 12. 04. 〈http://scienceon.hani.co.kr/138928〉.

59 Daniah Trabzuni, etc., *Nature*(2013.11.22., 2771), "Widespread sex differences in gene expression and splicing in the adult human brain", 〈https://www.nature.com/articles/ncomms3771〉.

60 Ruben C Gur, etc., *Neuropsychology*(Mar. 2012; 26(2), p. 251-265), "Age Group and Sex Differences in Performance on a Computerized Neurocognitive Battery in Children Age 8-21", 〈https://www.ncbi.nlm.nih.gov/pubmed/22251308〉.

61 브레인미디어, "좌우뇌의 비대칭성, 남자가 더 그래", 2010. 12. 08. 〈http://kr.brainworld.com/BrainScience/158〉.

Doreen Kimura Richard & A. Harshman, *Progress in Brain Research*(Volume 61, 1984, p. 423-441), "Sex Differences in Brain Organization for Verbal and Non-Verbal Functions", 〈https://www.sciencedirect.com/science/article/pii/S0079612308644520〉.

나의 어여쁜 자야

Kimura, Doreen, *APA PsycArticles*(1983), "Sex differences in cerebral organization for speech and praxic functions", 〈https://psycnet.apa.org/record/1984-01781-001〉.

Lansdell, Herbert, *APA PsycArticles*(1989), "Sex differences in brain and personality correlates of the ability to identify popular word associations", 〈https://psycnet.apa.org/record/1990-02449-001〉.

62 Doreen Kimura, Richard A. Harshman, Progress in Brain Research(Volume 61, 1984, p. 423-441), "Sex Differences in Brain Organization for Verbal and Non-Verbal Functions",〈https://www.sciencedirect.com/science/article/pii/S0079612308644520〉.

63 편도체는 해마 앞쪽에 있는 아몬드 모양의 작은 구조물로 정서 기억 저장, 공포, 불안, 성행위 등과 관련 있다.

64 브레인미디어, "남성과 여성, 뇌 속 편도체에 나타나는 변화도 달라", 2012. 05. 06. 〈http://kr.brainworld.com/BrainScience/9022〉.

Hengjun J. Kim, etc., Neuroimage(May 2012; 60(4), p. 2054-61), "Sex Differences in Amygdala Subregions: Evidence From Subregional Shape Analysis", 〈https://www.ncbi.nlm.nih.gov/pubmed/22374477〉.

65 중앙일보 뉴스위크, "화성 남자와 금성 여자는 없다", 2016. 03. 20. 〈https://news.joins.com/article/19750584〉.

Daphna Joel, etc., PNAS(Dec. 2015: 112(50), p. 15468-73), "Sex beyond the genitalia: The human brain mosaic", 〈https://www.pnas.org/content/112/50/15468?fbclid=IwAR1yvJl4c2vdLroc_gu23Blx2Cv1RwfJswrqhvT7ljoV5Wus6tClqKgIQpA〉.

66 편집부, 《교원 의학백과: 10권 여성의 건강》(교원, 2000), 19쪽.

67 이데일리, "변성기 때 목소리가 평생 좌우... 변성기 때 큰소리는 금물", 2019. 08. 25, 〈https://www.edaily.co.kr/news/read?newsId=01128326622590928&mediaCodeNo=257〉.

68 여성신문, "여성이 남성보다 코로나19 사망률이 낮은 이유는?", 2020. 03. 12. 〈https://www.womennews.co.kr/news/articleView.html?idxno=197052〉.

69 헬스조선, "멀쩡한 몸을 공격하는 '자가 면역 질환', 대표적 3가지", 2017. 09. 22. 〈https://m.health.chosun.com/svc/news_view.html?contid=2017092202298〉.

70 코리아헤럴드, ""남동생이 애 낳았다", 2017. 02. 14. 〈https://n.news.naver.com/article/044/0000183662〉.

2장 타고난 성별마저 혼란을 주는 성교육 현실

1 Express, "Investigation as number of girls seeking gender transition treatment rises 4,515 percent", 2018. 09. 16. 〈https://www.express.co.uk/news/uk/1018407/gender-transition-treatment-investigation-penny-mordaunt〉.

2 한국일보, 샌프란시스코, "도서관까지 침투한 동성애 물결…종교계 강력 반발", 2019. 07. 05, 〈http://sf.koreatimes.com/article/20190703/1256315〉.

3 나우뉴스, "3살 아이에게 '성 소수자' 가르치는 英 유치원 수업 논란", 2017. 11. 13. 〈https://nownews.seoul.co.kr/news/newsView.php?id=20171113601009#csidx17b315ba063406694d0961fa8aa985d〉.

4 CDC.gov, "Transgender Persons", 2020. 06. 03. 접속 〈https://www.cdc.gov/lgbthealth/transgender.htm〉.

5 우남위키, "데이비드 라이머의 비극", 2019. 07. 29. 수정 〈https://www.unamwiki.org/w/%EB%8D%B0%EC%9D%B4%EB%B9%84%EB%93%9C_%EB%9D%BC%EC%9D%B4%EB%A8%B8%EC%9D%98_%EB%B9%84%EA%B7%B9〉.

6 유튜브, "Why the Boy Who Was Raised as a Girl Forgave His Mother | The Oprah Winfrey Show | OWN", 2018. 09. 25. 〈https://www.youtube.com/watch?v=eQJHPQpf6mI&t=149s〉.

7 KBS news, "캐나다, 아기 출생신고서 성별란에 '미정'?", 2017. 07. 04. 〈http://mn.kbs.co.kr/news/view.do?ncd=3509921〉.

9 인사이트, "타임지 선정 '세계서 가장 영향력 있는 10대' 30인", 2015. 10. 29. 〈https://www.insight.co.kr/news/37918?type=mobile〉.

8 Transkids Purple Rainbow Foundation, "Jazz: Through The Years", 2020. 06. 03. 접속 〈https://transkidspurplerainbow.org/photos/jazz-throughout-the-years/〉.

10 CBNNews "'Downright Sickening': CA Preps Graphic Sex Ed with Bondage, 'Blood Play', and K-3 Gender Queer", 2019. 05. 01. 〈https://www1.cbn.com/cbnnews/us/2019/may/downright-sickening-ca-preps-graphic-sex-ed-with-bondage-blood-play-and-k-3-gender-queer〉.

11 Mercury News, "Palo Alto parents join fight against new sex-ed curriculum", 2017. 04. 20. 〈https://www.mercurynews.com/2017/04/20/palo-alto-parents-join-fight-against-new-sex-ed-curriculum/〉.

12 The New York City Commission on Human Rights, "Gender Identity/Gender Expression: Legal Enforcement Guidance", 〈http://www1.nyc.gov/site/cchr/law/legal-guidances-gender-identity-expression.page〉.

13 Cisgender. "Cisgender" is a term used to describe a person whose gender identity conforms with their sex assigned at birth.

14 Gender Expression. "Gender expression" is the representation of gender as expressed through one's name, pronouns, clothing, hairstyle, behavior, voice, or similar characteristics. Gender expression may or may not conform to gender stereotypes, norms, and expectations in a given culture or historical period. Gender expression is not the same as sexual orientation or gender identity. Terms associated with gender expression include, but are not limited to, androgynous, butch, female/woman/feminine, femme, gender non-conforming, male/man/masculine, or non-binary.

15 Gender Identity. "Gender identity" is the internal deeply-held sense of one's gender which may be the same as or different from one's sex assigned at birth. A person's gender identity may be male, female, neither or both, i.e., non-binary or genderqueer. Gender identity is not the same as sexual orientation or gender expression. Terms associated with gender identity include, but are not limited to, agender, bigender, butch, female/woman/feminine, female to male (FTM), femme, gender diverse, gender fluid, gender queer, male/man/masculine, male to female (MTF), man of trans experience, pangender, or woman of trans experience.

16 Gender Non-Conforming. "Gender non-conforming" is a term used to describe a person whose gender expression differs from gender stereotypes, norms, and expectations in a given culture or historical period. Terms associated with gender non-conformity include, but are not limited to, gender expansive, gender variant, or gender diverse.

17 Non-binary. "Non-binary" is a term used to describe a person whose gender identity is not exclusively male or female. For example, some people have a gender identity that blends elements of being a man or a woman or a gender identity that is neither male nor female.

18 Sex. "Sex" is a combination of chromosomes, hormones, internal and external reproductive organs, facial hair, vocal pitch, development of breasts, gender identity, and other characteristics. Gender identity is the primary determinant of a person's sex.

19 기독일보, "남성 · 여성 아닌 '제3의 성' 공식 인정한 뉴욕시", 2018. 10. 12. 〈http://kr.christianitydaily.com/articles/97907/20181012/%EB%89%B4%EC%9A%95%EC%8B%9C-%EB%82%A8%EC%84%B1%C2%B7%EC%97%AC%EC%84%B1-%EC%95%84%EB%8B%8C-%EC%A0%9C3%EC%9D%98-%EC%84%B1-%-EA%B3%B5%EC%8B%9D-%EC%9D%B8%EC%A0%95.htm〉.

20 크리스찬투데이, "CA 공립학교 성교육, 핫이슈로 부상, '두 엄마, 두 아빠도 괜찮아…'", 2019. 03. 27. 〈http://www.christiantoday.us/25856〉.

21 CGNTV, "작년엔 남자친구가 올해는 여자친구?"〈http://m.cgntv.net/player/news.cgn?v=142727〉.

22 크리스천투데이, "국민들, '성적 지향 삭제' 인권위법 개정안 압도적 지지", 2019. 11. 27. 〈https://www.christiantoday.co.kr/news/326995〉.

23 서울경제, "'성적 취향' 차별 금지 대상서 빼자는 정치권 … 인권위원장 '대한민국 인권 위상 추락'", 2019. 11. 19. 〈https://www.sedaily.com/NewsView/1VQUXX98UN〉.

24 Independent, "Pupil 'thrown out of class by teacher' after filming argument insisting only two genders exist", 2019. 06. 20. 〈https://www.independent.co.uk/news/uk/school-pupil-two-genders-teacher-argument-video-scotland-lgbt-a8967236.html〉.

25 Pittsburgh Post-Gazette, "Disruptive in class? Or free speech denied? Student in dispute with IUP", 2018. 03. 14. 〈https://www.post-gazette.com/news/education/2018/03/13/Indiana-University-of-Pennsylvania-Lake-Ingle-free-speech-transgender-discipline-sexism-academic-integrity/stories/201803130095〉.

26 중앙일보, "[단독]성전환자 성별 정정 쉬워진다…필수 서류는 '참고용'으로", 2020. 02. 22, 〈https://news.joins.com/article/23712687〉.

27 에이랩(ALAF)은 성경적 성가치관 및 성교육 강사 양성과정이다. http://kafah.co.kr/

28 Express, "Investigation as number of girls seeking gender transition treatment rises 4,515 percent", 2018. 09. 16. 〈https://www.express.co.uk/news/uk/1018407/gender-transition-treatment-investigation-penny-mordaunt〉.

29 Telegraph, "Minister orders inquiry into 4,000 per cent rise in children wanting to change sex", 2018. 09. 16. 〈https://www.telegraph.co.uk/politics/2018/09/16/minister-orders-inquiry-4000-per-cent-rise-children-wanting/〉.

30 Ephch Times "영국 젊은 트랜스젠더 수백 명 '원래 성별로 돌아가고 싶다'", 2019. 10. 14. 〈https://kr.theepochtimes.com/%EC%98%81%EA%B5%AD-%EC%A0%8A%EC%9D%80-%ED%8A%B8%EB%9E%9C%EC%8A%A4%EC%A0%A0%EB%8D%94-%EC%88%98%EB%B0%B1-%EB%AA%85-%EC%9B%90%EB%9E%98-%EC%84%B1%EB%B3%84%EB%A1%9C-%EB%8F%8C%EC%95%84%EA%B0%80%EA%B3%A0_501190.html〉.

31 Telegraph, "Meet the 'detransitioners': the women who became men-and now want to go back", 2019. 11. 16. 〈https://www.telegraph.co.uk/women/life/meet-detransitioners-women-became-men-now-want-go-back/〉.

32 BBC News, "How do I go back to the Debbie I was?", 2019. 11. 26. 〈https://www.bbc.com/news/health-50548473〉.

33 Dailywire, "Survivor Of Transgender Surgery: It's Not A 'Sex Change,' It's Mutilation", 2017. 08. 24. ⟨https://www.dailywire.com/news/survivor-transgender-surgery-its-not-sex-change-hank-berrien⟩.

34 TheFederalist.com, "Walt Heyer", 2020. 05. 14. ⟨https://thefederalist.com/author/walt-heyer/⟩.

35 Survivor Of Transgender Surgery: It's Not A 'Sex Change,' It's Mutilation By Hank BerrienDailyWire.com, ⟨https://www.dailywire.com/news/survivor-transgender-surgery-its-not-sex-change-hank-berrien⟩.

36 Bizarrepedia, "The Man Who's Had TWO Sex Changes: Walt Became Laura, Then REVERSED the Operation", (2016.08.30.) ⟨https://www.bizarrepedia.com/walt-heyer/⟩.

37 우먼타임스, "영국 트랜스젠더들 '원래 성별로 돌아가고파'", 2019. 11. 28. ⟨https://www.womentimes.co.kr/news/articleView.html?idxno=44468⟩.

38 에이랩(ALAF) 유튜브, "에이랩(ALAF) 15기 수강자 탈트랜스젠더 이효진 '우리는 진작에 에이랩을 만났어야 해요.'", 2020. 01. 27. ⟨https://m.youtube.com/watch?feature=youtu.be&v=zaVvEHofBl0⟩.

39 MLive, "Planet Fitness cancels woman's membership after her complaints of transgender woman in locker room", 2015. 03. 06, ⟨https://www.mlive.com/news/saginaw/2015/03/transgender_members_welcome_in.html⟩.

40 HuffPost, "오리건주 법원이 미국 최초로 '제3의 성'을 합법으로 인정하다", 2016. 06. 12. ⟨https://www.huffingtonpost.kr/2016/06/11/story_n_10421476.html⟩.

41 에이랩(ALAF) 블로그, "여자 화장실 찾아 삼만리", 2020. 06. 17. ⟨https://blog.naver.com/biblicaleducation/222003710385⟩.

42 FoxNews, "Transgender Wyoming woman convicted of sexually assaulting 10-year-old girl in bathroom", 2017. 10. 19. ⟨https://www.foxnews.com/us/transgender-wyoming-woman-convicted-of-sexually-assaulting-10-year-old-girl-in-bathroom⟩.

43 DailySignal, "DC Restaurant Fined for Asking Man in Women's Restroom to Show ID", 2019. 01. 24. ⟨https://www.dailysignal.com/2019/01/24/dc-restaurant-fined-for-asking-man-to-show-id-when-he-entered-womens-restroom/⟩.

44 DailySignal, "I Was America's First 'Nonbinary' Person. It Was All a Sham", 2019. 03. 10. ⟨https://www.dailysignal.com/2019/03/10/i-was-americas-first-non-binary-person-it-was-all-a-sham/⟩.

45 조안나 윌리엄스, 《페미니즘은 전쟁이 아니다(Women Vs. Feminism)》(별글, 2019).

46 HuffPost, "[인터뷰]트랜스젠더 어린이들의 모습을 기록한 사진 작가 사라 웡", 2015.

06. 04. 〈https://www.huffingtonpost.kr/2015/06/03/story_n_7507596.html〉.

47 npr.org, "69-Year-Old Dutch Man Seeks To Change His Legal Age To 49", 2018. 11. 08. 〈https://www.npr.org/2018/11/08/665592537/69-year-old-dutch-man-seeks-to-change-his-legal-age-to-49〉.

48 Dailymail, "'I've gone back to being a child': Husband and father-of-seven, 52, leaves his wife and kids to live as a transgender SIX-YEAR-OLD girl named Stefonknee", 2015. 12. 11. 〈https://www.dailymail.co.uk/femail/article-3356084/I-ve-gone-child-Husband-father-seven-52-leaves-wife-kids-live-transgender-SIX-YEAR-OLD-girl-named-Stefonknee.html〉.

49 IllinoisFamilyInstitute, "What's the Difference Between Transgender, Transabled, Transracial, Transspecies and Transage?", 2018. 02. 03. 〈https://illinoisfamily.org/homosexuality/whats-difference-transgender-transabled-transracial-transspecies-transage/〉.

50 Wrap, "Everybody Lost it Over 'Atlanta' Trans-Racial Episode", 2016. 10. 12. 〈https://www.thewrap.com/everybody-loses-it-over-atlanta-trans-racial-episode/〉.

51 유튜브 읽어 주는 남자, "제 성별은 '브래드 피트' 입니다...!", 2019. 07. 29. 〈https://www.youtube.com/watch?v=YKehtOncCYA〉.

52 HHS.gov. "자주 묻는 질문: Affordable Care Act 섹션 1557", 2020. 06. 16. 접속 〈https://www.hhs.gov/civil-rights/for-individuals/section-1557/korean-faqs/index.html〉.

53 연합뉴스, "미국 '성별은 태어날 때 결정'..보건 분야 트랜스젠더 권리 박탈", 2020. 06. 13. 〈https://v.kakao.com/v/20200613160839195〉.

54 KUTV, "'Sex at birth': Hungary bans citizens from legally changing gender", 2020. 05. 21. 〈https://kutv.com/news/nation-world/sex-at-birth-hungary-bans-citizens-from-legally-changing-gender〉.

나의 어여쁜 자야